国土空间生态修复：基底评价与分区策略

肖 禾 马泽忠 丁 忆 等著

科学出版社
北 京

内 容 简 介

　　基底评价与分区策略研究是开展国土空间生态修复的前提，对摸清区域生态现状、制定合理的生态修复策略具有重要意义。本书在地理空间数据分析、遥感定量反演、生态系统评估、生态网络构建等相关技术和理论的支撑下，以重庆市为研究区，深入分析市域自然地理、资源禀赋、社会经济及生态系统特征，构建市域生态网络，科学评价市域生态系统敏感性、生态系统退化和生态系统恢复力，系统诊断市域主要生态问题及变化趋势，科学划分市域生态保护修复分区，并识别各分区的主要生态问题和重点区域。

　　本书适合自然资源管理、生态保护修复、国土空间规划、自然资源审计等部门的工作人员，以及相关科研院所与高校的科研人员、教师和学生参考与阅读。

审图号：渝 S(2023)095 号

图书在版编目(CIP)数据

国土空间生态修复：基底评价与分区策略 / 肖禾等著. —北京：科学出版社，2024.3
ISBN 978-7-03-078145-1

Ⅰ. ①国… Ⅱ. ①肖… Ⅲ. ①国土资源-生态恢复-研究-重庆 Ⅳ. ①F129.971.9　②X171.4

中国国家版本馆 CIP 数据核字（2024）第 040898 号

责任编辑：陈丽华 / 责任校对：彭　映
责任印制：罗　科 / 封面设计：墨创文化

科学出版社 出版
北京东黄城根北街16号
邮政编码：100717
http://www.sciencep.com

成都锦瑞印刷有限责任公司 印刷
科学出版社发行　各地新华书店经销

*

2024 年 3 月第 一 版　　开本：787×1092 1/16
2024 年 3 月第一次印刷　　印张：12 1/4
字数：290 000

定价：189.00 元
（如有印装质量问题，我社负责调换）

《国土空间生态修复：基底评价与分区策略》
编 委 会

顾问：韩列松　李　萍　蔡建军

主编：肖　禾　马泽忠　丁　忆　刘　建　曾安明　陶培峰

委员：（按姓氏笔画排列）

王　岚　　王小攀　　王亚林　　龙　霞　　汤曾伟

李　政　　杨光谱　　吴开杰　　何彦良　　张　义

张　宇　　张　斌　　张孝成　　陈　阳　　罗　鼎

金贤锋　　周宏文　　段松江　　姜紫薇　　袁　月

钱　进　　钱文进　　黄潇莹　　敬定乾　　程丽丹

焦　欢　　蒲　艺　　蔡俊飞　　谭　攀

前　言

党的十八大以来，以习近平同志为核心的党中央始终把生态文明建设放在治国理政的突出位置，生态文明体制改革全面深化。我国先后修订了《中华人民共和国森林法》《中华人民共和国草原法》等生态保护修复相关法律，创新开展了国土空间生态修复规划工作，编制实施了天然林资源保护、耕地草原河湖休养生息等专项规划，退耕还林还草、海洋生态保护等政策制度不断完善，相继组织实施了防护林建设、水土保持、湿地保护修复、生物多样性保护等重要生态系统保护和修复重大工程。通过实施一系列生态保护修复政策和重大工程，我国生态恶化趋势基本得到遏制，自然生态系统总体稳定向好，青藏高原、长江流域、黄河流域等重点生态区的生态系统服务功能明显提升，生态保护修复工作取得历史性成就。

重庆地处青藏高原与长江中下游平原的过渡地带，是长江上游生态屏障的关键区域，涉及三峡库区、武陵山、大巴山、大娄山四个国家重点生态功能区，土壤保持、水源涵养、生物多样性保护等生态功能突出，对长江中下游地区乃至国家生态安全具有不可替代的作用，生态地位十分重要。近年来，重庆深学笃用习近平生态文明思想，为保障长江三峡库区生态安全，筑牢长江上游重要生态屏障，科学编制了《重庆市国土空间生态保护修复规划（2021—2035年）》。生态基底评价与生态修复分区作为规划开展的前期基础工作，对科学引导国土空间生态保护修复策略制定与落地、推动重庆建设山清水秀美丽之地具有现实意义。

重庆是山环水绕、江峡相拥的山水之城，拥有独具特色的山地生态系统，气候、资源、生态系统等垂直分异特征显著。大山大水在这里交织、碰撞，是城市形成与发展的基础条件和动力，也是城市生态格局和结构形态的重要约束。协调好城市建设发展与生态高质量保护的关系，关键就是要系统全面摸清生态本底，掌握自然资源特征，梳理人地关系矛盾，理清生态演替规律。

本书是《重庆市国土空间生态保护修复规划（2021—2035年）》市域生态基底专题研究和国家自然科学基金青年项目"多源数据支撑下的可持续发展目标监测研究"的成果，深入分析了重庆市自然地理、资源禀赋、社会经济概况及生态系统特征，按照"源地识别—阻力评估—廊道划定"的工作模式，综合构建了市域生态网络，科学评价了市域生态系统敏感性、生态系统退化、生态系统恢复力，系统诊断了市域全域系统性、生态空间、城镇空间、农业空间四方面主要生态问题及变化趋势，考虑自然地理单元的完整性、生态系统的关联性以及跨区域的协同性，合理划定了重庆市"一核四片"修复分区，并识别了各分区的主要生态问题和重点区域。本书解决了当前生态保护修复工作存在的底数不清、问题不明、空间不准等现实问题，为实现山水林田湖草沙生命共同体的整体保护、系统修复和系统治理提供了技术支撑。

全书共 7 章，注重理论与应用结合、原理与方法并重，对重庆市生态基底进行较为翔实的分析。第 1 章论述国土空间生态修复的研究背景、理论基础和主要做法；第 2 章梳理和归纳重庆市自然地理概况、资源禀赋概况以及社会经济概况；第 3 章论述市域生态系统总体特征、分异特征、演替特征和景观格局；第 4 章论述重要生态源地辨识、生物迁徙阻力评估、生态廊道划定和生态安全格局构建的技术方法、流程和成果；第 5 章总结市域生态系统敏感性、退化以及恢复力的评价方法、评价指标和评价结果；第 6 章剖析市域主要生态问题，分析当前生态问题的成因、分布和危害等；第 7 章论述市域生态保护修复分区的原则与方法，以及各分区的本底特征、主要生态问题、生态保护修复重点区域。

本书第 1 章由马泽忠撰写；第 2 章由肖禾撰写；第 3、4 章由刘建撰写；第 5 章由陶培峰撰写；第 6 章由丁忆撰写；第 7 章由曾安明、马泽忠、丁忆共同撰写。全书由肖禾撰写大纲，并负责统稿和定稿，马泽忠和丁忆参与校核工作。在撰写过程中，本书得到了中国农业大学、西南大学、重庆市规划和自然资源局、重庆市地理信息和遥感应用中心、重庆地质矿产研究院等单位的大力支持，特别感谢韩列松、李萍、蔡建军、宇振荣、李月臣等领导和专家的指导。

由于作者学识和撰写能力有限，书中难免存在不足之处，敬请读者批评指正！

作者

2023 年 7 月

目　　录

第1章　绪论 ·· 1
　1.1　研究背景 ·· 1
　　1.1.1　政策背景 ·· 1
　　1.1.2　研究进展 ·· 2
　1.2　基础理论 ·· 4
　　1.2.1　生态基底理论 ··· 4
　　1.2.2　生态系统理论 ··· 5
　　1.2.3　景观生态学理论 ·· 10
　　1.2.4　生态网络理论 ··· 12
　　1.2.5　绿色基础设施理论 ·· 16
　1.3　生态修复 ·· 18
　　1.3.1　生态修复概念 ··· 18
　　1.3.2　生态修复模式 ··· 18
　　1.3.3　生态修复主要做法 ·· 20
第2章　区域概况 ·· 22
　2.1　自然地理概况 ··· 22
　　2.1.1　地形地貌 ·· 22
　　2.1.2　河流水文 ·· 26
　　2.1.3　土壤分布 ·· 28
　　2.1.4　林田湖草特征 ··· 30
　2.2　资源禀赋概况 ··· 32
　　2.2.1　水资源 ·· 32
　　2.2.2　生物多样性 ·· 34
　　2.2.3　植被资源 ·· 36
　　2.2.4　景观资源 ·· 36
　　2.2.5　矿藏资源 ·· 38
　2.3　社会经济概况 ··· 38
　　2.3.1　经济与人口 ·· 38
　　2.3.2　城镇空间格局 ··· 40
　　2.3.3　基础设施建设 ··· 42
　　2.3.4　农业生产格局 ··· 44

第3章 市域生态系统特征识别 ……………………………………………… 46
3.1 生态系统总体特征 …………………………………………………… 46
3.2 生态系统分异特征 …………………………………………………… 47
3.3 生态系统演替特征 …………………………………………………… 48
3.4 生态系统景观格局 …………………………………………………… 49

第4章 生态廊道划定与生态安全格局构建 ……………………………… 52
4.1 重要生态源地辨识 …………………………………………………… 52
4.2 生物迁徙阻力评估 …………………………………………………… 56
4.3 生态廊道划定 ………………………………………………………… 65
4.4 生态安全格局构建 …………………………………………………… 67

第5章 市域生态系统专项评价 …………………………………………… 70
5.1 市域生态系统敏感性评价 …………………………………………… 70
5.1.1 水土流失敏感性评价 …………………………………………… 70
5.1.2 石漠化敏感性评价 ……………………………………………… 73
5.1.3 生境敏感性评价 ………………………………………………… 75
5.1.4 酸雨敏感性评价 ………………………………………………… 77
5.1.5 生态系统敏感性综合评价结果 ………………………………… 78
5.2 市域生态系统退化评价 ……………………………………………… 79
5.2.1 市域生态系统功能退化评价 …………………………………… 79
5.2.2 市域生态系统结构退化评价 …………………………………… 84
5.3 市域生态系统恢复力评价 …………………………………………… 87
5.3.1 评价指标及方法 ………………………………………………… 87
5.3.2 评价结果 ………………………………………………………… 91

第6章 市域生态保护修复问题识别 ……………………………………… 95
6.1 市域系统性生态问题 ………………………………………………… 95
6.1.1 局部地区水土流失与石漠化问题突出，制约区域可持续发展 … 95
6.1.2 地质环境脆弱，地质灾害隐患多、分布广 …………………… 98
6.1.3 水资源利用效率不高，水土资源匹配不均衡 ………………… 99
6.1.4 消落带与多种生态问题交织影响，治理难度大 ……………… 101
6.1.5 生态廊道面临阻断风险与保护压力 …………………………… 102
6.1.6 废弃矿山面积大，易诱发地质灾害，影响生态安全 ………… 103
6.2 市域生态空间生态问题 ……………………………………………… 103
6.2.1 森林林种结构单一，且植被退化形势严峻 …………………… 103
6.2.2 自然生态系统功能退化和结构退化问题突出 ………………… 105
6.2.3 生物多样性保护压力大，外来物种入侵威胁生态平衡 ……… 105
6.2.4 水利设施建设干扰水生态过程，影响水系生态安全 ………… 106
6.2.5 库区季节性蓄水回水，长江水质安全保护面临压力 ………… 106
6.3 市域城镇空间生态问题 ……………………………………………… 107

6.3.1 城市热岛效应显著，城市宜居品质不高	107
6.3.2 蓝绿设施连通不畅，制约生物多样性保护	107
6.3.3 工程建设破坏自然山体，影响城市景观和安全	108
6.3.4 河岸硬化和河流加盖问题严重，河流保护效果不佳	108
6.4 市域农业空间生态问题	109
6.4.1 耕地分布零散，坡耕地占比高	109
6.4.2 化肥和农药减量使用程度不足，面源污染风险加剧	109
6.4.3 乡村同质化问题严重，阻碍乡村生态和经济发展	109
第7章 市域生态保护修复分区	**111**
7.1 市域生态保护修复分区策略	111
7.1.1 分区原则	111
7.1.2 分区方法	111
7.1.3 分区方案	112
7.2 三峡库区核心区生态涵养区	113
7.2.1 本底特征	113
7.2.2 主要生态问题	118
7.2.3 重点区域识别	123
7.3 大巴山生态屏障区	125
7.3.1 本底特征	125
7.3.2 主要生态问题	129
7.3.3 重点区域识别	134
7.4 武陵山生态屏障区	135
7.4.1 本底特征	135
7.4.2 主要生态问题	140
7.4.3 重点区域识别	145
7.5 大娄山生态屏障区	147
7.5.1 本底特征	147
7.5.2 主要生态问题	151
7.5.3 重点区域识别	155
7.6 丘陵谷地生态品质提升区	156
7.6.1 本底特征	157
7.6.2 主要生态问题	163
7.6.3 重点区域识别	173
参考文献	**179**

第1章 绪　　论

1.1 研究背景

1.1.1 政策背景

在中国快速的城镇化进程中,建设用地快速增加,人为干扰活动不断加强,致使林地、草地等自然空间持续减少[1,2],自然生态系统服务功能不断弱化。由此产生了许多生态环境问题,包括景观破碎化、土壤污染与侵蚀、生物多样性丧失、城市热岛效应加剧等[3-6]。面对资源约束趋紧、环境污染严重、生态系统退化的严峻形势,必须树立尊重自然、顺应自然、保护自然的生态文明理念,走可持续发展道路。

中共十八大报告提出了"把生态文明建设放在突出地位","努力建设美丽中国","努力走向社会主义生态文明新时代"①,形成了我国生态环境建设的顶层需求,以寻求我国今后城镇建设与自然环境的相互协调与平衡,争取以一个相互促进的方式共同发展。2013年11月,习近平总书记提出"山水林田湖是一个生命共同体"②的生态观,此后要求"强化山水林田湖草等各种生态要素协同治理"。2016年1月,习近平总书记在推动长江经济带发展座谈会上强调"要把修复长江生态环境摆在压倒性位置,共抓大保护,不搞大开发"③。2019年5月,《中共中央国务院关于建立国土空间规划体系并监督实施的若干意见》,要求加强国土空间保护和空间资源管控④。2020年4月,习近平在参加首都义务植树活动时强调:牢固树立绿水青山就是金山银山理念,打造青山常在绿水长流空气常新美丽中国⑤。2020年9月,自然资源部办公厅印发《关于开展省级国土空间生态修复规划编制工作的通知》,要求"做好基础工作",掌握"国土空间生态现状"

---

① 中华人民共和国中央人民政府. 胡锦涛在中国共产党第十八次全国代表大会上的报告[EB/OL]. [2012-11-17]. https://www.gov.cn/govweb/ldhd/2012-11/17/content_2268826.htm.
② 求是网. 关于《中共中央关于全面深化改革若干重大问题的决定》的说明[EB/OL]. [2020-06-04]. http://www.qstheory.cn/dukan/2020-06/04/c_1126073313.htm.
③ 中华人民共和国中央人民政府. 习近平在推动长江经济带发展座谈会上强调走生态优先绿色发展之路 让中华民族母亲河永葆生机活力[EB/OL]. [2016-01-07]. https://www.gov.cn/xinwen/2016-01/07/content_5031289.htm.
④ 中华人民共和国中央人民政府. 中共中央 国务院关于建立国土空间规划体系并监督实施的若干意见[EB/OL]. [2019-05-23]. https://www.gov.cn/zhengce/2019-05/23/content_5394187.htm.
⑤ 人民网. 习近平在参加首都义务植树活动时强调 牢固树立绿水青山就是金山银山理念 打造青山常在绿水长流空气常新美丽中国[EB/OL]. [2020-04-03]. http://jhsjk.people.cn/article/31661408.

和"区域生态修复需求"，突出山水林田湖草一体化保护修复①。2021年3月，习近平总书记在参加第十三届全国人大四次会议内蒙古代表团审议时强调，要统筹山水林田湖草沙系统治理，实施好生态保护修复工程，加大生态系统保护力度，提升生态系统稳定性和可持续性②。

2016年1月，习近平总书记在重庆考察时指出，要深入实施"蓝天、碧水、宁静、绿地、田园"环保行动，建设长江上游重要生态屏障，推动城乡自然资本加快增值，使重庆成为山清水秀美丽之地③。重庆市委、市政府高度重视生态文明建设，提出重庆市要实施区域差异化的生态建设和环境政策，强化全市美丽山水城市建设，通过推进退耕还林、生态治理、空间管控等相关制度体系的建立，筑牢长江上游重要生态屏障，加快建设山清水秀美丽之地。

重庆作为西部典型的山地城市，地形地貌、生态系统组成复杂多样，景观生态格局破碎程度较高，准确认识其生态本底难度较大。同时，在城市快速发展的进程中，城镇建设与生态保护冲突明显。因此，实现国土空间保护利用健康、有序，重点是要协调好国民经济高速发展与生态高质量保护的关系，关键是系统全面摸清生态本底、掌握自然资源特征、梳理人地关系矛盾、理清生态演替规律。在已有的生态基底研究方法中，更科学、更有效、更全面地反映重庆山地城市生态基底特征，是新时期国土空间保护利用的需求。

目前，我国经济已由高速增长阶段转向高质量发展阶段，建设现代化经济体系是我国发展的战略目标。在夯实实体经济、增强改革动力的同时，更要抓好生态文明建设，让天更蓝、地更绿、水更清，美丽城镇和美丽乡村交相辉映、美丽山川和美丽人居有机融合，形成城乡发展融合、生态环境优美、人民生活幸福的发展新格局。因此，科学、充分地认识生态基底，做好国土空间生态保护修复，是在国土空间保护利用中践行"两山论"、实践生态文明建设的重要基础。

1.1.2 研究进展

随着《全国重要生态系统保护和修复重大工程总体规划(2021—2035年)》《山水林田湖草生态保护修复工程指南(试行)》(以下简称《指南》)等顶层制度逐步完善，我国生态文明建设基础性、整体性、关联性改革协同并进。在加快生态文明体制机制建设的推动下，国内很多学者积极开展了对"山水林田湖草生命共同体"科学内涵、特征、内生机制等理论方面的研究工作，提出在生态保护与修复中要考虑山水林田湖草一体化保护修复[7-9]，要运用系统论的思想方法管理自然资源和生态系统[10]；提出生态保护修复是以生态学、流域生态学、恢复生态学、景观生态学、复合生态系统理论为支撑的[11]；提

---

①中华人民共和国自然资源部. 关于开展省级国土空间生态修复规划编制工作的通知[EB/OL]. [2020-09-22]. http://gi.mnr.gov.cn/202009/t20200923_2559528.html.
②国家文物局. 习近平参加内蒙古代表团审议[EB/OL]. [2021-03-05]. http://www.ncha.gov.cn/art/2021/3/5/art_722_166222.html.
③中国共产党新闻网. 在发挥"三个作用"上展现更大作为(沿着总书记的足迹·重庆篇)[EB/OL]. [2022-06-18]. http://cpc.people.com.cn/BIG5/n1/2022/0618/c64387-32449843.html.

出了"拟自然"的保护修复技术选择[12]；引入了"再野化"的概念[13]；探讨了生态系统服务理论在山水林田湖草生态保护修复中的应用途径[14]。

在理论研究的基础上，学者们进一步探索系统性、整体性开展生态保护修复的理论研究和实践技术方法[15-17]。在生态保护修复体系方面，乌梁素海流域山水林田湖草生态保护修复工程统筹山水林田湖草沙全要素，进行整体保护、系统修复、综合治理，通过分区精准施策，兼顾流域内粮食生产、环境保护和经济发展等生产、生活和生态多重目标，实现了区域多种生态系统服务协同促进[18]；湖北省三峡地区针对该区域主要的生态环境问题，从生态系统整体性和流域系统性着眼，探讨了试点区山水林田湖草生态保护修复的总体思路及目标，构建了"整体保护、系统修复、综合治理、区域联动、部门协同"的生态保护修复体系[19]；赣州市探索形成了"三同治"模式：生态+乡村振兴发展模式、生态+精准扶贫模式及生态综合执法模式，创新了稀土尾水治理技术，开辟了小流域污染治理新路径[20]；王振波等对青藏高原拉萨河流域生态系统服务功能重要性和生态系统敏感性进行评估，划分生态保护修复空间类型，根据不同分区存在的突出问题，提出了多部门跨区、多要素综合、多渠道协作、多目标耦合的联动治理模式[21]。

在生态廊道划定和生态网络构造方面，高梦雯等以河池市为例，根据生态系统服务重要性识别选取生态源地，基于生态环境敏感性评估结果修正基本阻力面，并利用最小累积阻力(minimal cumulative resistance，MCR)模型提取生态廊道[22]；姚采云等以三峡库区为研究区，利用形态学空间格局分析(morphological spatial pattern analysis，MSPA)方法识别出林地生态源地斑块，通过景观连通性指数评价斑块重要性，通过各阻力因子构建综合生态阻力面，运用最小累积阻力模型构建生态廊道，提取生态廊道上重要生态节点，形成三峡库区林地生态安全网络[23]；陶培峰等基于生态服务功能和生态敏感性对重庆市进行生态重要性评价，将生态极重要区域与自然保护地共同作为生态源地，从生态本底和生态胁迫两个方面选取阻力因子构建了典型山地动物的生态阻力面，利用 MCR 模型模拟潜在生态廊道，完成市域生态安全格局的构建[24]；范春苗等综合利用形态学空间格局分析法和景观连通性识别贵阳市中心城区生态源地，基于主成分分析确定研究区综合阻力面，通过最小累积阻力模型、重力模型和水文分析等方法，识别并优化关键衔接廊道及节点，在中心城区行政区和建成区两个尺度构建了研究区生态网络[25]。

在生态系统评价方面，李元征等基于地理信息系统(geographic information system，GIS)，采用改进的方法对围绕高质量发展界定的黄河流域内的四种主要生态问题及其综合生态敏感性进行了评价[26]；崔宁等基于流域生态特性和主要生态环境问题，选取水土流失、土壤侵蚀及土地沙化敏感性三个指标评价了流域生态系统敏感性[27]；于昊辰等提出矿山土地生态系统退化程度受外界扰动压力、环境支撑力、生态系统恢复力、人为提升力等作用，明确了矿山土地生态系统退化的诊断标准[28]；王志强等介绍了淡水湖泊生态系统退化的含义及形式，分析、总结了淡水湖泊生态系统退化的驱动因子[29]；刘孝富等采用概率衰减法评估长江流域生态系统恢复力，分析了长江流域生态系统恢复力的空间差异性[30]；秦会艳等从脆弱性和应对能力两大层面出发，基于生态压力-状态-响应模型构建了我国省域尺度森林生态恢复力评估指标体系[31]；韩文友等利用植被覆盖度、降水、地形起伏度、土壤有机碳含量、生态服务价值等自然因素以及人口分布、夜间灯光等社会因地分类方案，划分了土地域、土地纲、土地系统、土地类型、土地相五级[46]；基于类似方法，Sayre 等根据生物气候、地形、岩性和土地覆被因子将全球生态系统划分为四个层级共 3923 个生态土地单元[47]。在国内，陈利顶和傅伯杰综合岩性、地形地貌、土壤、植被、气候和人类活动等因素，将无定河流域划分为三个一级、37 个二级土地生态系统类型[48]；欧阳志云等[49]基于遥感技术提出了一套全国生态系统分类体系，包括森林生态系统、灌丛生态系统、草地生态系统、湿地生态系统、农田生态系统、城镇生态系统、荒漠生态系统、冰川/永久积雪、裸地九个一级类，以及 21 个二级类、46 个三级类。杨青[50]基于生态系统的研究提出我国重要生态系统共有 470 类，优先生态系统共有 244 类。其他分类系统包括基于气候、植被的生物气候分类[51,52]和综合气候、地形、土壤等地理要素影响的生物地理气候生态系统分类[53]，在全球和国家尺度得到广泛应用[54-56]。

世界自然保护联盟于 2021 年发布了《IUCN 全球生态系统分类体系 2.0》[57]，定义了全球海洋、水域和陆地 108 种主要生态系统类型的关键生物物理特征，并描述了它们的生态过程以及在全球的分布情况。另外，2021 年生态环境部发布的《全国生态状况调查评估技术规范——生态系统遥感解译与野外核查》[58]中生态系统类型主要包括森林、灌丛、草地、湿地、农田、城镇、荒漠和其他八种生态系统类型。生态系统类型在不同级别上具有较大的自然相似性以及类别之间的独立性，有利于进一步开展区域生态系统研究。

3）生态系统特征

生态系统的格局和过程一直处于运动状态，没有干扰时，这种运动也在不间断地进行。演替是一个不间断的过程，是生态系统进化在中小时间尺度上的体现。首先要掌握和了解生态系统特征及演替规律特征，这对充分遵循生态系统演替规律和内在机理及对生态系统整体保护、系统修复、综合治理具有重要意义。社会、经济和自然是三个不同性质的生态系统，在认识生态系统特征的过程中，必须将其当成一个社会-经济-自然的复合生态系统来统筹考虑[59]。其次是分析和掌握生态系统变化特征。动态变化是生态系统的一个基本特征，生态系统演替是在时间序列上的替代过程和在空间上的动态演变[60]。再次是掌握生态系统的景观格局特征。生态系统景观多样性对物质迁移，能量交换，生产力水平，物种分布、扩散和动物觅食有重要影响，景观类型多样性与物种多样性的关系呈正态分布[61]。生态系统景观特征反映其构成的多层次生物多样性的背景，并制约着这些层次生物多样性的时空格局及其变化过程[62]。

2. 生态系统服务

"生态系统服务"概念第一次在 20 世纪 60 年代使用。20 世纪 70 年代初，紧急环境问题研究（study of critical environmental problems，SCEP）提出了生态系统的服务功能，并列出了自然生态系统的"环境服务功能"，如害虫控制、昆虫授粉、气候调节和物质循环等。Holdren 和 Ehrlich[63]将其拓展为"全球环境服务功能"，并在环境服务功能清单上增加了生态系统对土壤肥力和基因库的维持功能。随后 Ehrlich 等[64]又提出了"全球生态系统公共服务功能"，后来逐渐演化出"自然服务功能"，最后将其确定为"生态系统服务"[65]。

1) 生态系统服务分类

生态系统服务分类主要包括：功能分类，如调节、承载、栖息、生产和信息服务；组织分类，如与某些物种相关的服务，或者与生物实体的组织相关的服务；描述分类，如可更新资源物品、不可更新资源物品、生物服务、生物地化服务、信息服务以及社会和文化服务。功能分类是目前主要的分类方法，也更加便于生态系统服务评价工作的开展。目前一个较有影响的、从功能角度提出的生态系统服务分类是由千年生态系统评估(millennium ecosystem assessment，MA)于 2003 年提出的，其将生态系统服务分为供给、调节、文化和支持服务。该生态系统服务分类更为直观，同时该分类体系中不同类别的生态系统服务存在重叠现象。例如，O_2 的产生既是调节服务，又被归为支持服务[65]。

2) 生态系统服务的形成及其变化机制

生态系统是生态服务与功能形成和维持的物质基础。在生态系统服务形成和维持过程中，生物多样性通过它在管理生态系统属性和过程中所起的作用与生态系统服务产生密切联系。1997 年，Tilman 等[66]根据草地生态系统小区试验研究发现，生态系统功能多样性及其组成对生态系统过程的影响比物种多样性更显著。多样系统中生物多样性微小的变化只会导致极小的生态系统功能和服务供给的改变。Loreau 等[67]认为某些较少数量的物种在稳定条件下对生态系统功能非常必要，以及较大数量的物种可能对维持变化环境中生态系统过程的稳定性非常必要。Luck 等[68]提出了服务供给单元，它是指在一定时间或空间尺度内提供或未来会提供的已经认识到的服务的单元，它的提出为生态系统服务形成和变化机制及其受损生态系统服务的恢复研究提供了一种全新的观点和方法。

3) 生态系统服务价值及评价方法

由于生态系统功能和服务的多面性，生态系统服务具有多价值性。生态系统服务的总经济价值包括使用价值和非使用价值两部分，使用价值包括直接使用价值(直接实物价值和直接服务价值)、间接使用价值(即生态功能价值)，非使用价值包括遗产价值和存在价值。此外，选择价值(即潜在使用价值)既可归为使用价值，也可归为非使用价值。

目前关于生态系统服务价值评估还没有统一的方法，主要是使用福利经济学中的一些方法。由于这些方法本身有一定的适用范围，许多经济学家对其应用于生态系统评估后结果的有效性提出了质疑。目前使用的经济学评估方法可以分为四种类型。

(1) 市场价值评估方法。该方法用于生态系统服务中可以直接在交易中体现价值的评估，主要适用于物质产品生产服务功能、信息服务功能及一些调节性服务功能的评估。主要局限是由于生态系统的复杂性和动态性，在时间和空间尺度上，各组成部分之间经常为非线性关系，使生态系统的供应水平难以预测。同时对需要评价的生态系统服务及其与可以市场化的商品之间的内在联系缺乏足够的了解，使评价结果的可信度受到质疑。该方法的使用部分依赖于对可市场化服务的需求，这意味着市场对生态系统服务的货币价值存在相当大的影响。但是相对其他评估方法，该方法仍然是较有说服力的方法。

(2) 非市场价值评估方法。该方法用于一些没有市场价值的生态系统服务的评估，要突破性地将恢复力的概念引入生态系统研究中，用来表明生态系统的稳定性，恢复力被认为是生态系统能够接受外界干扰等并继续维持系统存在的能力[91]。1984年Pimm[92]发表不同的理论，认为恢复力是系统受到外界干扰后恢复到原有稳定状态的速度。之后众多与生态系统恢复力相关的概念被提出，如系统的适应性、稳定性和抵抗力等。虽然恢复力的有关定义和理论众多，但大多基于生态系统受到扰动后能够通过自身调节，恢复到原来稳定状态的假设[93]。在后面的研究中，部分学者将恢复力的概念更多地与稳定性相结合，即系统遭受到外界破坏后恢复稳定的能力。随着研究范围的扩大与研究内容的不断深入，生态系统恢复力的概念也不断得到充实与发展。Sasaki等[94]认为，生态系统在一定时间内保持原有结构、特性不变的抗干扰能力就是生态系统恢复力。Fischer等[95]提出"恢复力管理"和"保护优化"两个思路来探索生态系统的适应性管理方法。高吉喜[96]认为，生态系统恢复力是生态承载力的其中一个方面，生态系统的自我调节能力就是其恢复力。王云霞和陆兆华[97]认为，生态系统恢复力的概念可以概括为两个方面，其中包含恢复力强度与恢复力限度；恢复力强度指系统自身状态影响恢复力大小，相当于弹簧的弹性强度；由于地貌、植被、气候、土壤等自然条件的不同，生态系统具有不同的结构与性质，由此决定了自身恢复力大小；恢复力限度指的是恢复力波动的范围，相当于弹簧可伸缩的程度，它反映了生态系统自我调节与缓冲能力的大小，其受到地物覆盖类型与植被多样性的影响。

1.2.3 景观生态学理论

长期以来，生态系统的异质性(时间复杂和多变性)得到生态学家们的广泛研究[98]。随着空间数据和分析方法的大量应用，景观生态学迎来了新的发展迅猛期。景观生态学研究促进了人们对空间异质性的起因和结果及其尺度影响的理解，同时也影响了自然和人工景观管理[99]。

1) 景观与景观生态学

"景观"(landscape)一词来源于荷兰语landskip，特指风景画，其关注人类对于外界景物的主观感受，即人眼中的景象。随着发展，现在"景观"一词一般是指由地形地貌、土地利用方式以及区域综合特征所表现出来的特征。俞孔坚[100]从多个方面对景观的内涵进行了探讨，认为景观首先具备视觉美的特征；其次是人类的生活体验，具备文化特征；再次与生态学一样，具有系统性的观点；最后表现为一种符号语言，记录了人文历史。

景观生态学是研究景观单元的类型组成、空间格局及其与生态学过程相互作用的综合性学科，其强调空间格局、生态过程与尺度之间的相互作用[101]。与生态学其他学科相比，景观生态学将研究对象限定在了"景观"上，即地形地貌与土地利用方式组成的区域综合特征，更为关注景观结构、格局与尺度。在景观生态学研究中，评价、规划和模拟占据主导地位，研究重点也从土地利用管理扩展到资源可持续利用与生物多样性保护等领域[102]。景观生态学具有较强的实用特征，能很好地将生态学的相关理论与规划设计的实践活动相衔接，并支持区域可持续发展，成为与规划设计领域结合最为紧密的生态学学科。生物多样性是人类赖以生存和发展的根本。景观生态学改变了传统的以物种为中心的自然保护途径，强调物种生存所需的栖息地的完整性、连续性和多样性，并提出了一系列有利于生物多样性保护的栖息地景观空间格局设计战略、原理和方法[103]。

2）景观结构、功能和动态

景观结构是指景观组成单元的类型、多样性及其空间关系。例如，景观中不同生态系统的面积、形状和丰富度，它们的空间格局以及能量、物质和生物体的空间分布等，均属于景观结构特征。

景观功能即景观结构与生态学过程的相互作用，或景观结构单元之间的相互作用。这些作用主要体现在能量、物质和生物有机体在景观镶嵌体的运动过程中。

景观动态即景观在结构和功能方面随时间的变化。具体地讲，景观动态包括景观结构单元的组成成分、多样性、形状和空间格局的变化，以及由此导致的能量、物质和生物在分布与运动方面的差异。

景观结构、景观功能和景观动态是景观生态学的主要研究对象，彼此相互依赖、相互作用。无论在哪一个生态学组织层次上（如种群、群落、生态系统或景观），结构与功能都是相辅相成的。结构在一定程度上决定功能，而结构的形成和发展又受到功能的影响。例如，一个由森林生态系统和湿地生态系统所组成的景观，在物种组成、生产力以及物质循环诸方面都会显著不同于另一个以草原群落和农田为主体的景观。即使是组成景观的生态系统类型相同、数量也相当，它们在空间分布上的差别也会对能量流动、养分循环、种群动态等景观功能产生明显的影响。景观结构和功能都必然地要随时间发生变化，而景观动态反映了多种自然的和人为的、生物的和非生物的因素及其作用的综合影响。同时，景观功能的改变可导致其结构的变化（如优势植物种群灭绝对生境结构会造成影响，养分循环过程受干扰后会导致生态系统结构方面的改变）。然而，最引人注目的景观动态，往往是森林砍伐、农田开垦、过度放牧、城市扩展等，以及由此造成的生物多样性减少、植被破坏、水土流失、土地沙化和其他生态景观功能方面的破坏。

3）景观格局、过程和尺度

景观生态学中的格局（pattern）是指空间格局，广义地讲，它包括景观组成单元的类型、数目以及空间分布与配置。例如，不同类型的斑块可在空间上呈随机型、均匀型或聚集型分布。景观结构的斑块特征、空间相关程度以及详细格局特征可通过一系列数量方法进行研究。与格局不同，过程强调事件或现象的发生、发展的动态特征。景观生态学常常涉及多种生态学过程，其中包括：种群动态、种子或生物体的传播、捕食者-猎物相互作用、群落演替、干扰传播、物质循环、能量流动等[104]。

广义地讲，尺度（scale）是指在研究某一物体或现象时所采用的空间或时间单位，同时又可指某一现象或过程在空间和时间上所涉及的范围和发生的频率。它标志着对所研究对象的了解水平。在生态学研究中，空间尺度是指所研究生态系统的面积大小或最小信息单元的空间分辨率水平；而时间尺度是其动态变化的时间间隔。此外，组织尺度（organizational scale）的概念即在由生态学组织层次（个体、种群、群落、生态系统、景观等）组成的等级系统中的位置，也广为使用。景观格局和景观异质性都依时间和空间尺度

第 2 章 区 域 概 况

2.1 自然地理概况

2.1.1 地形地貌

1. 山地骨架

重庆处于全国地势第二、三级阶梯自然过渡带,也是四川盆地与长江中下游平原的过渡地带。地质构造运动和地质时期长期演化,造就了重庆山地"骨架"。印支运动时期,重庆地区东北和东南方向受到推挤,盆地边际逐渐拱起,大巴山和武陵山初具轮廓,区域整体的不断抬升导致四川盆地与古特提斯洋隔绝,形成了巴蜀湖,结束了海相沉积的前史,由海盆转为湖盆;燕山运动期,东南方向继续推挤隆升,七曜山、巫山、大娄山等褶皱山地隆起;到喜马拉雅运动期,东南方向依然强盛的水平推挤力使褶皱山地区继续向西扩展,加上华蓥山西侧断裂构造向右水平滑动挤压,平行岭谷形成[172,173]。

2. 海拔地势

重庆全市最高点位于巫溪县阴条岭,海拔2797m;最低点位于巫山县培石乡境内长江出重庆界的巫峡长江江面,海拔随三峡库区的水位而改变。海拔在 1000m 以上的区域占全市总面积的 23.37%,主要分布于渝东北大巴山、巫山区域以及渝东南七曜山、武陵山等区域,其中城口80%以上的区域,巫溪、石柱60%以上的区域,武隆、奉节、巫山40%以上的区域位于中海拔区;海拔在500~1000m 的低山区域占全域面积的36.79%,海拔在500m 以下的区域占全域面积的39.84%(图 2-1)。

从成渝间地势剖面图(图 2-2)可以看出,四川盆地整体向东南倾斜,总体海拔向东南逐渐降低,至盆周山地再次抬升。重庆境内山体密集,地形起伏较大,以长江为最低点两侧山体海拔迅速提升,由西向东,分别以华蓥山和七曜山为界,呈现典型的丘陵地形向平行岭谷地形再向盆周山地地形过渡特征,山体海拔逐渐升高,相对高差增大。

3. 山地地貌

根据自然资源部 1∶25 万地貌类型数据统计,重庆作为典型的山地地区(图 2-3),山地面积约 6.2 万 km^2,占全市总面积的 75.33%(表 2-1)。中山占 44.7%,主要分布于巫山、巫溪、奉节、城口、武隆、彭水、石柱、酉阳、云阳、开州等区县;低山占 30.63%,主要分布于万州、忠县、丰都、涪陵、秀山等区县。

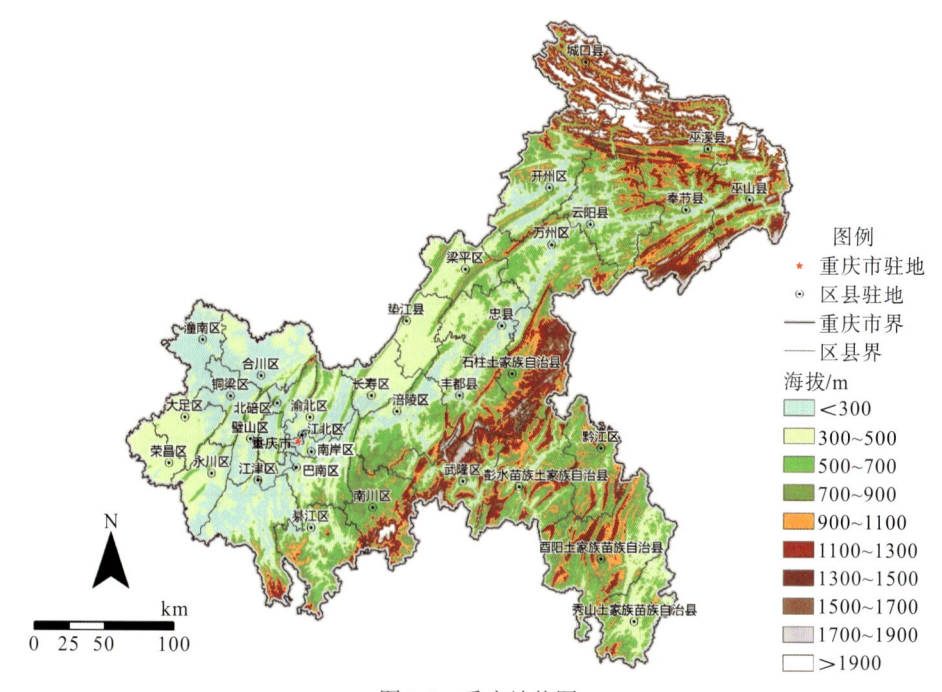

图 2-1 重庆地势图

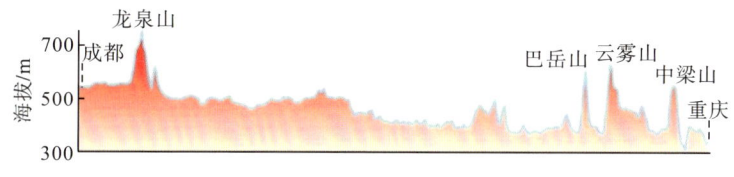

图 2-2 成渝间地势剖面图

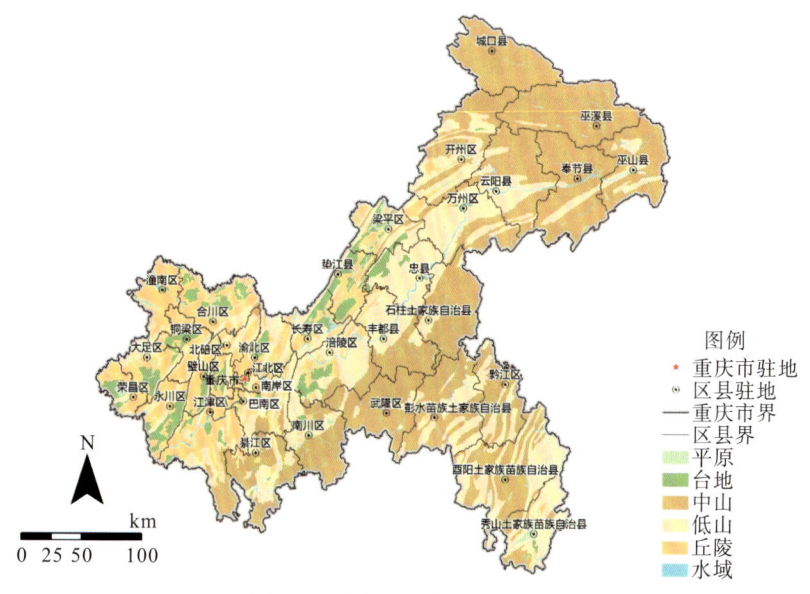

图 2-3 重庆市地貌类型分布图

东至湖北巴东县官渡口,向南西绵延,直达湖北咸丰,与武陵山脉相衔接。在重庆境内主要位于巫山县东部。

5)七曜山

七曜山北起巫山中部,向西南斜贯于奉节县南部,后插入湖北利川境内后,再进入石柱、丰都、武隆,止于贵州省道真仡佬族苗族自治县,全长约300km,呈北东—南西走向。

6)华蓥山

华蓥山北起达州宣汉—黄金口,向南经合川、宜宾至金川,长达600余千米,为四川盆地川中低缓隆起与川东高陡构造分界线。华蓥山北起黄金口,往南西向伸展并在重庆中心城区发生分岔,分支为沥鼻峡背斜、温塘峡背斜、中梁山背斜、龙王洞背斜共四个背斜构造。由此发育出龙王洞山、中梁山、缙云山、云雾山、箕山、黄瓜山、阴山、巴岳山等山脉。

2.1.2 河流水文

重庆地区水系发达,江河纵横,所有河流均属于长江流域。根据《重庆市水利局关于公布重庆市第一批河流河道名录的通知》(渝水〔2018〕188号),重庆境内流域面积大于50km^{2}的河流有510条,流域面积大于1000km^{2}的河流有42条(图2-5和表2-2),包括长江、嘉陵江、乌江、涪江、渠江、芙蓉江、阿蓬江、綦江、酉水等。纵观全域河流,除任河注入汉江、酉水汇入北河入沅江(洞庭湖)、濑溪河和清流河入沱江外,其余河流均在境内入长江,汇进三峡水库。长江自西南向东北贯穿全境,乌江、嘉陵江一南一北,形成不对称、向心的网状水系。

长江:长江发源于"世界屋脊"青藏高原的唐古拉山脉各拉丹东峰西南侧,流经青海、西藏、四川、云南、重庆、湖北、湖南、江西、安徽、江苏、上海11个省(自治区、直辖市),于崇明岛以东汇入东海,总长度6296km,流域总面积178.67万km^2。在重庆,长江自江津石蟆镇入境,呈近东南向切割川东褶带,于涪陵顺应向斜转向东北流入万州,随之转近东西向于奉节切割七曜山、巫山形成举世瞩目的瞿塘峡和巫峡,于巫山培石乡出境。

嘉陵江:嘉陵江为长江上游支流,因流经陕西凤县东北嘉陵谷而得名,发源于秦岭北麓的陕西代王山,流经陕西、甘肃、四川、重庆四个省(市),河流长度1132km,流域总面积15.90万km^2。嘉陵江自合川钱塘镇流入重庆境内,并于合川城区与渠江、涪江汇合后呈东南向横切沥鼻、温塘、观音背斜,形成嘉陵江"小三峡"后流经沙坪坝,于渝中朝天门汇入长江。

乌江:乌江是长江南岸最大一级支流,古称牂河江,元代首次称乌江,发源于贵州境内。乌江自酉阳万水乡入境,经彭水、武隆,在涪陵城区汇入长江,乌江横切构造,峡多流急,被称为乌江"天险"。

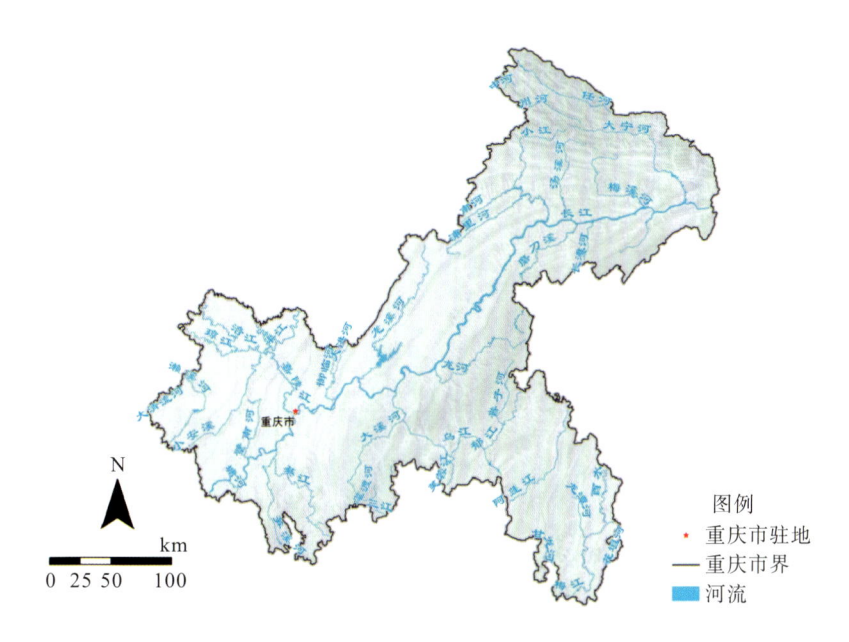

图 2-5 重庆市流域面积 1000km² 以上河流分布图

表 2-2 重庆市流域面积大于 1000km² 的河流统计表

序号	河流名称	流域参数 河流总长度/km	流域总面积/km²	重庆市境内河段参数 河道长度/km	市境内流域面积/km²
1	长江	6296	1786723	691	82370
2	乌江	993	87656	223	15753
3	嘉陵江	1132	158958	152	9590
4	小江	190	5205	190	5019
5	酉水	484	19344	98.6	4851
6	綦江	223	7089	157.5	4751
7	大宁河	181	4366	181	4347
8	涪江	668	35881	128.4	4342
9	龙溪河	238	3248	238	3244
10	郁江	176	4562	88	2940
11	梅江	144	2976	144	2848
12	龙河	163	2779	159	2766
13	阿蓬江	244	5345	130	2707
14	任河	219	4902	128	2345
15	磨刀溪	189	3049	157	2307
16	渠江	676	38913	78.5	2204
17	梅溪河	118	1903	118	1903
18	大溪河(鸭江)	123	1794	123	1794

石灰土集中分布于渝东北巫山—七曜山山区，极易溶蚀风化。根据统计，石灰土分布最广的区县为奉节县，为 1564.17km²，主要分布于长江以南巫山—七曜山山区，其次为巫山县，面积为 1475.28km²，主要分布于巫山山区。石灰(岩)土极易溶蚀风化，加之所处之地山高坡陡，需重点关注水土流失问题，应当保护好现有林草覆盖。

3. 建设用地土壤污染

截至 2020 年 7 月，《重庆市建设用地土壤污染风险管控和修复名录》中 643.58hm² 建设用地被纳入风险管控，其中大部分位于中心城区长江、嘉陵江沿岸，且污染物多为有机苯、氰化物、镉、锑、砷、汞、铅等。土壤污染风险点靠近长江、嘉陵江等大型水体(图 2-7)，人类活动强度高。在水力、风力作用下，污染物极易进入大气和水体，导致大气污染、地表水污染、地下水污染和生态系统退化等生态环境问题。

图 2-7　重庆市建设用地土壤污染风险点位分布图

2.1.4　林田湖草特征

1. 数量及空间分布特征

2020 年，重庆市林地(即林)面积 4.69 万 km²(图 2-8)，其中，乔木林地 3.58 万 km²，占 76.28%；竹林地 0.19 万 km²，占 4.09%；灌木林地 0.88 万 km²，占 18.81%；其他林地 385km²，占 0.82%。林地主要分布在渝东北三峡库区城镇群，占全市林地的 46.55%。

全市田的面积 1.87 万 km²，其中，水田 7041km²，占 37.64%；水浇地 12km²，占 0.07%；旱地 1.16 万 km²，占 62.29%。从区域分布统计，45.15%的耕地分布在主城都市区，35.09%的耕地分布在渝东北三峡库区城镇群，19.76%的耕地分布在渝东南武陵山区城镇群。

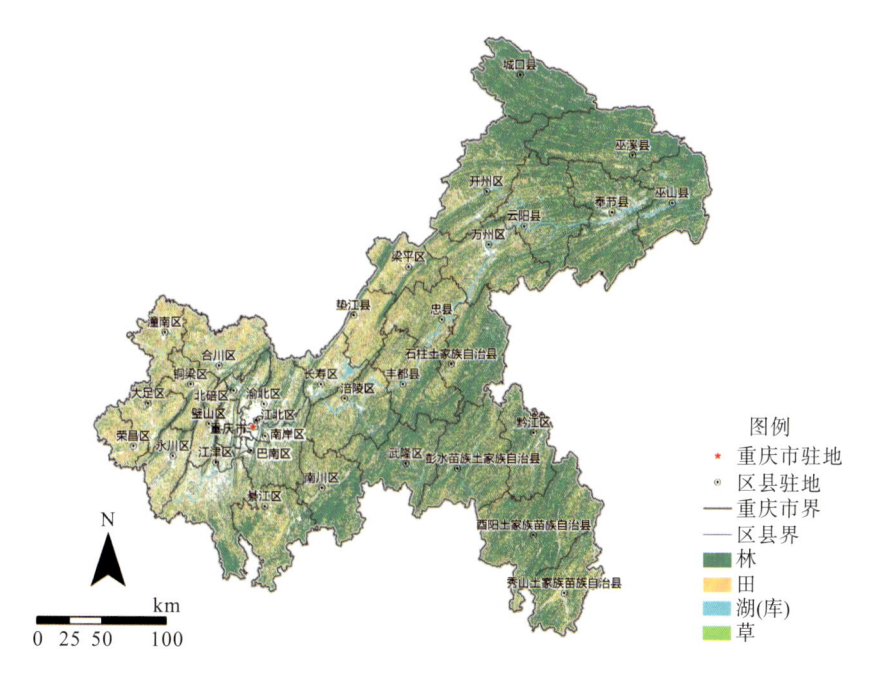

图 2-8　重庆市林田湖(库)草空间分布图

全市湖(库)面积 2828km²，包括河流、库塘、湿地等。河流面积 849km²，占 30.02%；水库面积 1056km²，占 37.34%；坑塘面积 720km²，占 25.46%；沟渠面积 53km²，占 1.87%；湿地面积 150km²，占 5.31%，包含 1km² 沼泽草地和 149km² 内陆滩涂，湿地主要分布在渝东北三峡库区城镇群，占全市湿地的 53.18%。

全市草地的面积 236km²，其中，天然牧草地 40km²，占 16.78%；人工牧草地 3km²，占 1.41%；其他草地 193km²，占 81.81%。草地主要分布在渝东北三峡库区城镇群，占全市草地的 49.43%。

2. 空间分异

受地形地貌、土壤、区域下垫面气候等自然条件影响，林田湖草的分布特征表现出明显的空间分异规律。按海拔来看，林地主要分布于海拔 800m 以上区域，占林地总面积的49.96%；田地主要分布于海拔 200~500m 地区，占田地总面积的 56.28%；水域主要分布于海拔 400m 以下区域，占水域总面积的 75.31%；草地主要分布于海拔 200~400m 和海拔 1500~2500m 的区域，占草地总面积的 57.64%，其中海拔 200~400m 的草地约占 23.29%，海拔 1500~2500m 的草地约占 34.35%。

按坡度来看，林地主要分布于 10°~35°，占林地总面积的 68.75%；田地主要分布于 10°~25°，占田地总面积的 48.25%；水域主要分布于 10°以下区域，占水域总面积的 68.43%；草地主要分布于 10°~30°，占草地总面积的 55.69%。

2.2.2 生物多样性

重庆复杂多变的地形地貌，充沛的水热条件，孕育了丰富的生物多样性，保存了大量珍稀、子遗动植物资源。根据《重庆市生物多样性保护策略与行动计划》，全市已知高等植物占我国高等植物种类的 21.11%，兽类占我国兽类种类的 18.8%，鸟类占我国鸟类种类的 29%。

基于物种数量、物种密度、珍稀濒危及重点保护物种数量、特有物种数量等指标，对全市各区县生物多样性进行评估。结果显示(图 2-12)，全市生物多样性较高的区县主要分布于大巴山、大娄山和武陵山地区，主要涉及城口、奉节、巫山、南川、巫溪、武隆、石柱 7 个区县。

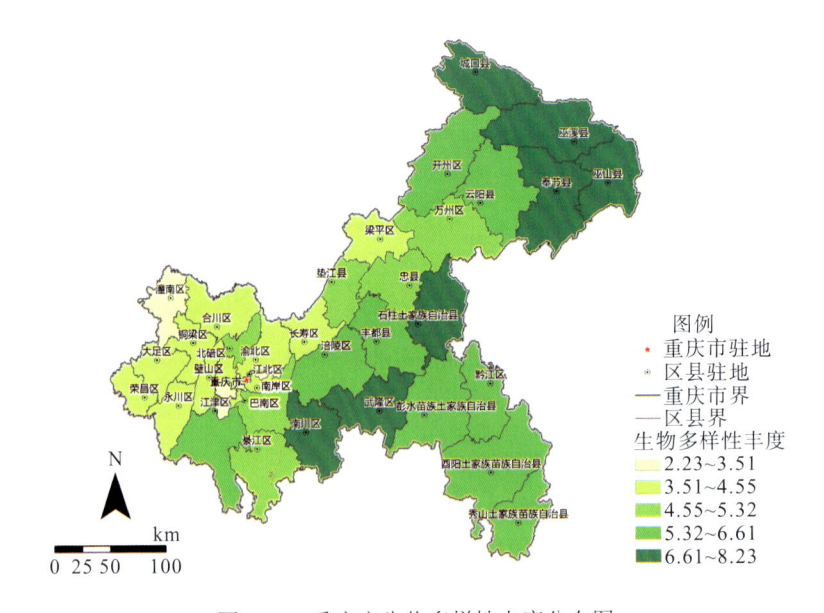

图 2-12 重庆市生物多样性丰度分布图

1. 动植物资源

1) 植物

根据重庆市林业局 2019 年调查统计，全市共有陆生野生维管束植物 5925 种，隶属于 227 科 1305 属，其中，蕨类植物 47 科 121 属 633 种；裸子植物 7 科 25 属 42 种；被子植物最丰富，共 173 科 1159 属 5250 种。全市拥有中国特有植物 498 种，包括蕨类植物 44 种，裸子植物 27 种，被子植物 427 种，其中，以南川区分布特有植物种类最多，共计 305 种。特有种方面，重庆拥有南川木菠萝、崖柏、缙云黄芩等几十种。濒危植物方面，根据《中国植物红皮书》和《国家重点保护野生植物名录(第一批)》，全市有稀有濒危及国家重点保护野生植物 85 种，分属 47 科 69 属，包括被子植物 57 种，裸子植物 18 种，蕨类植物 10 种。

2) 动物

根据重庆市林业局生物多样性评估调查工作结果与《重庆鸟类名录 5.0》(2020 年)，全市共有陆生野生脊椎动物 775 种，隶属于 4 纲 32 目 128 科，其中，两栖纲 2 目 9 科 62 种，爬行纲 2 目 12 科 67 种，鸟纲 20 目 77 科 502 种，哺乳纲 8 目 30 科 144 种。全市拥有国家Ⅰ级保护动物 13 种，国家Ⅱ级保护动物 74 种，市级重点保护陆生脊椎动物 52 种。特有种方面，拥有中国特有动物 206 种，包括鱼类 104 种，两栖类 27 种，爬行类 29 种，鸟类 15 种，哺乳类 31 种。

2. 生态保护要素

1) 自然保护地

2020 年 2 月，按照《自然资源部 国家林业和草原局关于做好自然保护区范围及功能分区优化调整前期有关工作的函》(自然资函〔2020〕71 号)、《自然资源部办公厅 国家林业和草原局办公室关于自然保护地整合优化有关事项的通知》(自然资办发〔2020〕42 号)等文件要求，各地启动了自然保护地整合优化工作。截至 2020 年 6 月，全市自然保护地约 9068km^2(图 2-13)。

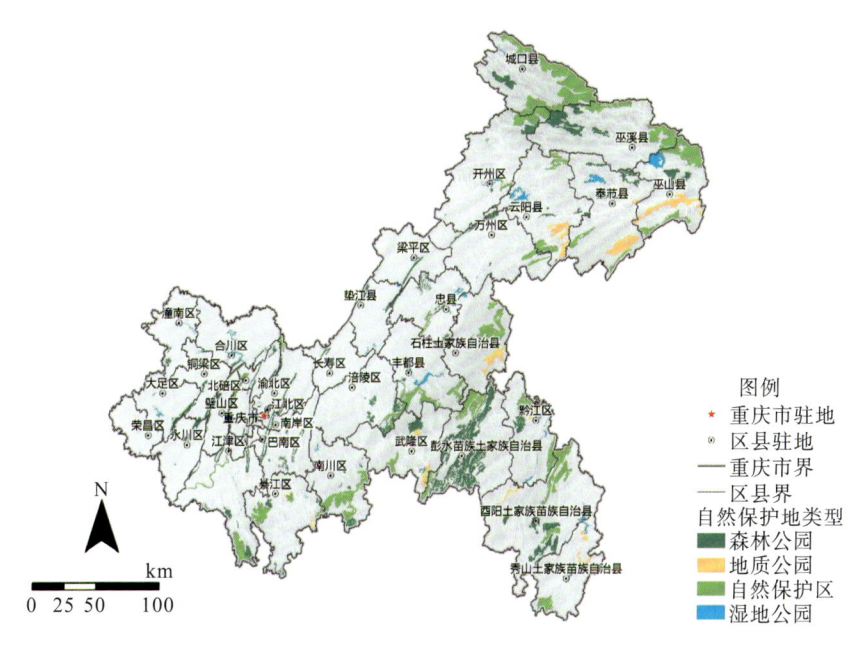

图 2-13 重庆市自然保护地分布图

2) 生态保护红线

生态保护红线是指在自然生态服务功能、环境质量安全、自然资源利用等方面，需要实行严格保护的空间边界与管理限值，以维护国家和区域生态安全及经济社会可持续发展，保障人民群众健康。空间上，生态保护红线主要分布于渝东南和渝东北地区，以及主城都市区海拔相对较高的山脉之上。2018 年重庆市公布的生态保护红线面积 2.04 万 km^2（图 2-14）。2020 年 7 月以来，按照自然资源部、生态环境部工作要求，重庆市正在开展生态保护红线的优化调整工作。截至 2021 年 6 月，优化调整后的生态保护红线数据尚未公布。

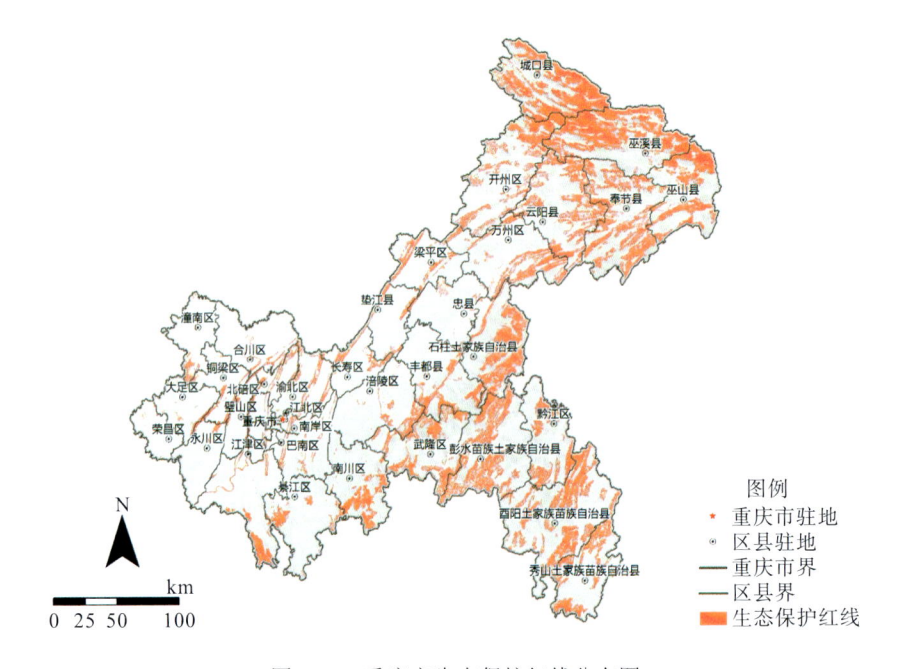

图 2-14　重庆市生态保护红线分布图

2.2.3　植被资源

重庆市植被资源丰富，森林覆盖率高，为建设长江上游生态屏障奠定了物质基础。《2020 年重庆市生态环境状况公报》显示，全市森林面积 6494 万亩（1 亩约等于 666.67m^2），森林覆盖率 52.50%，活立木蓄积量 2.41 亿 m^3，森林资源丰富，为全市良好的生态本底奠定了物质基础。作为生态系统的主要生产者，植被能够提供优质的生态产品和生态功能，对生态系统的物质循环和能量流动有着举足轻重的作用。

2.2.4　景观资源

根据重庆市文化和旅游发展委员会《2020 年重庆市旅游业统计公报》，全市拥有世界文化遗产 1 处、世界自然遗产 2 处、国家 A 级旅游景区 262 个，其中，5A 级旅游景区 10 个、4A 级旅游景区 121 个，形成了巫山小三峡、大足石刻、武隆喀斯特、酉阳桃花源、南川金佛山—神龙峡、万盛黑山谷、江津四面山等一批旅游景观。

按照《旅游资源分类、调查与评价》（GB/T 18972—2017）标准，重庆旅游资源单体共4042 个，涉及 8 个主类、39 个亚类、110 个基本类型（表 2-3），其中，自然类旅游资源有

2449种，约占重庆旅游资源种类的60.6%；人文类旅游资源1593种，约占39.4%，涵盖了峡谷大川、温泉湖泊、民风民俗、历史文化等多种类型。

表2-3　重庆市4A级以上旅游资源单体分布表

级别	区域	旅游资源名称	个数	总数
5A	中心城区	融汇温泉、缙云山国家级自然保护区、北温泉风景区、歌乐山国家森林公园、东温泉风景区、南温泉、红岩联线旅游区	7	30
	大都市区（除中心城区外）	大足石刻景区、万盛黑山谷景区、南川金佛山—神龙峡景区、江津四面山景区、长寿湖风景名胜区、綦江古剑山风景区、永川茶山竹海旅游区、白鹤梁水下博物馆、合川钓鱼城、涪陵武陵山大裂谷景区	10	
	渝东北	巫山小三峡—小小三峡、丰都名山风景区、奉节白帝城—瞿塘峡、云阳龙缸景区、奉节天坑地缝景区、巫溪红池坝景区	6	
	渝东南	武隆喀斯特旅游区（天生三桥·仙女山·芙蓉洞）、酉阳桃花源景区、石柱黄水旅游区、彭水阿依河景区、黔江濯水古镇、黔江蒲花暗河景区、乌江画廊	7	
4A	中心城区	人民大礼堂及人民广场、歌乐山烈士陵园、南山植物园、红岩革命纪念馆、黔江小南海、湖广会馆、统景温泉风景区、瓷器口古镇、中国三峡博物馆、洪崖洞民俗风貌区、海兰云天温泉度假区、金源方特科幻公园、动物园、贝迪颐园温泉、颐尚温泉、科技馆、观音桥商圈都市旅游区、华岩—龙门阵旅游区、巴国城、加勒比海水世界景区、上邦温泉旅游区、中国民主党派历史陈列馆、铁山坪森林公园、北碚金刀峡景区、园博园、重庆天地旅游区、周君记火锅食品工业旅游体验园、龙兴古镇、金刀峡古镇、丰盛古镇、走马古镇、重钢工业遗址博物馆、巴南区云篆山生态观光农业园、綦江花坝、潼南农业旅游观光园、南川大观园	37	91
	大都市区（除中心城区外）	聂荣臻元帅陈列馆、野生动物世界、潼南杨闇公故里景区、长寿菩提古镇文化旅游区、璧山观音塘湿地公园、潼南大佛寺、铜梁安居古城、荣昌万灵古镇、合川涞滩古镇、涪陵武陵山国家森林公园、涪陵大木花谷·林下花园景区、璧山青龙湖、铜梁巴岳山—西温泉风景名胜区、双江古镇、中山古镇、东溪古镇、松溉古镇、黄瓜山森林公园、云阳县四十八槽林场森林公园、綦江区永新镇梨花山、万盛经开区*、黑山八角小城、忠县"中国柑橘城"	22	
	渝东北	忠县石宝寨、丰都雪玉洞—龙河流域、云阳张飞庙、万州大瀑布群旅游区、开州区刘伯承同志纪念馆、云阳三峡梯城景区、巫山神女景区（神女峰·神女溪）、开州区汉丰湖、万州潭獐峡风景名胜区、梁平百里竹海风景区、城口九重山风景名胜区、城口黄安坝旅游区、西沱古镇、丰都南天湖·雪玉山旅游度假区、石柱七曜山自然保护区、雪宝山国家森林公园、铁峰山国家森林公园、梨子坪森林公园、巫溪大宁河、宁厂古镇、城口亢谷、垫江牡丹花海、三峡港湾	23	
	渝东南	酉阳龚滩古镇、石柱大风堡景区、酉阳龙潭古镇、酉阳乌江百里画廊风景名胜区、酉阳大板营自然保护区、秀山县花灯寨、摩围山、蚩尤九黎城、石柱千野草场	9	

*万盛经开区全称为万盛经济技术开发区，下同。

根据旅游资源分级评价，重庆市拥有30处独具特色的旅游景观资源。中国山水文化地标——山水都市、长江三峡；抗战文化和远东指挥中心——合川钓鱼城；世界自然与文化遗产——武隆天生三桥、金佛山、大足石刻等。

重庆市旅游景观资源呈现大都市、大三峡、大武陵三个空间区域集中分布的特点。大都市资源区形成了都市、温泉、乡村、遗产四大特色旅游景观；大三峡资源区资源利用转向陆地延伸，并形成了多个小区域聚合的特色旅游景观；大武陵资源区则形成了喀斯特、堰塞湖、高山草场等多样化特色旅游景观。

2.2.5 矿藏资源

重庆市矿产资源总体不丰富但颇具特色，天然气、页岩气丰富，非金属矿产多、金属矿产少，大矿少、小矿多，富矿少、贫矿多。截至 2019 年底，全市已发现矿种 70 种（亚矿种为 93 种），具有查明资源储量的矿产有 44 种（亚矿种为 63 种）。优势矿产为页岩气、天然气、地热、锰矿、铝土矿、锶矿、毒重石、重晶石等，分带明显，分布相对集中。

全市开发利用矿产有 24 种（亚矿种为 34 种），现有矿山 916 个，其中，非油气矿山 878 个，包括生产矿山 454 个、停产矿山 272 个、筹建矿山 116 个、计划关闭注销矿山 36 个。主要开采矿种有建筑石料用灰岩、水泥用灰岩、锰矿等，其中建筑石料用灰岩矿山 302 个，设计生产能力为 15785 万 t/a，实际产量为 11798 万 t/a；水泥用灰岩矿山 40 个，设计生产能力为 7548 万 t/a，实际产量为 5722 万 t/a；锰矿 57 个，设计生产能力为 210 万 t/a，实际产量为 64 万 t/a。

2.3 社会经济概况

2.3.1 经济与人口

1. 经济发展

重庆是中国西南地区和长江上游的经济中心、重要的交通枢纽和内河口岸，经济实力相对较强，大工业、大农业、大流通、大交通的特点突出，具有一批带动能力较强的支柱产业、优势行业和拳头产品。

根据重庆市统计局统计结果，2022 年重庆市实现地区生产总值 29129.03 亿元，比上年同期增长 3.7%（图 2-15）。第一产业实现增加值 2012.05 亿元，增长 4.0%；第二产业实现增加值 11693.86 亿元，增长 3.3%；第三产业实现增加值 15423.12 亿元，增长 1.9%。全年全体居民人均可支配收入 35666 元，比上年增长 5.5%。按常住地分，城镇居民人均可支配收入 45509 元，比上年增加 2007 元，增长 4.6%；农村居民人均可支配收入 19313 元，比上年增加 1213 元，增长 6.7%。

由于区域内经济基础、自然条件、生态环境等不同，并且集大城市、大农村、大山区、大库区于一体的特殊性，在经济快速增长的背景下，区域内部差异较大。总体上，重庆市经济发展水平呈西高东低、南高北低的趋势，全市生产总值较高区域主要分布于中心城区和渝西地区（图 2-16）。

图 2-15　重庆市 2018～2022 年 GDP 统计图

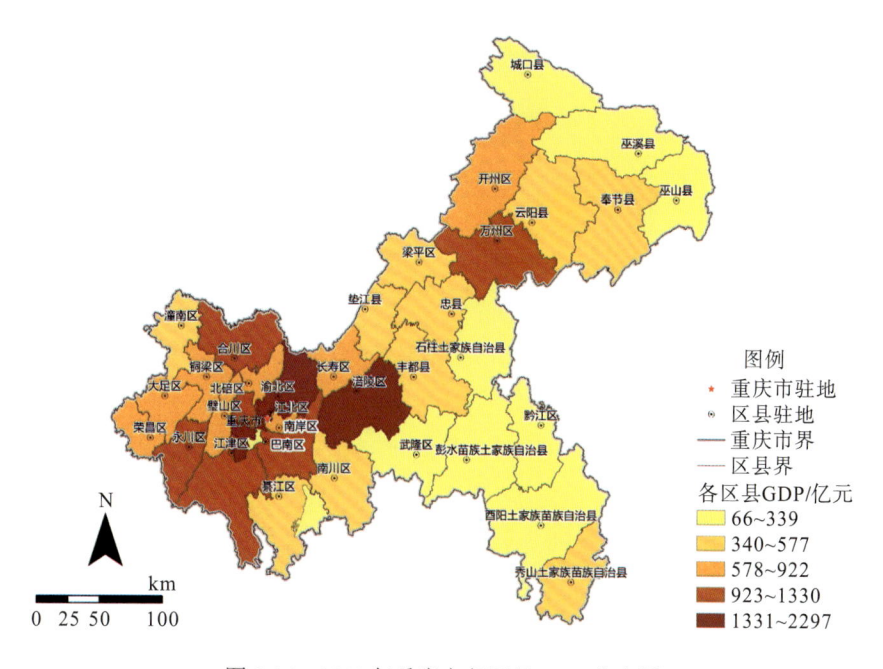

图 2-16　2022 年重庆市各区县 GDP 分布图

2. 人口分布

根据重庆市第七次全国人口普查数据，全市常住人口共 3205.42 万人，是我国人口数量最多的城市。与 2010 年第六次全国人口普查的 2884.62 万人相比，增加 320.80 万人，增长 11.12%，年平均增长率为 1.06%，比 2000～2010 年的年平均增长率 0.12% 上升 0.94 个百分点，人口总量保持平稳增长态势，人口分布如图 2-17 所示。

主城都市区人口占 65.90%，其中，中心城区人口占 32.27%，主城新区人口占 33.63%；渝东北三峡库区城镇群人口占 25.16%；渝东南武陵山区城镇群人口占 8.94%。与 2010 年相比，主城都市区人口所占比例上升 4.73 个百分点，其中，中心城区人口所占比例上升 6.42 个百分点，主城新区人口所占比例下降 1.69 个百分点；渝东北三峡库区城镇群人口所占比例下降 3.84 个百分点；渝东南武陵山区城镇群人口所占比例下降 0.89 个百分点。人口向经济发达区域特别是中心城区进一步集聚，表明随着经济的发展，全市人口逐渐向区县城和中心城区集聚，渝东北、渝东南，甚至是主城新区人口流失风险加剧。

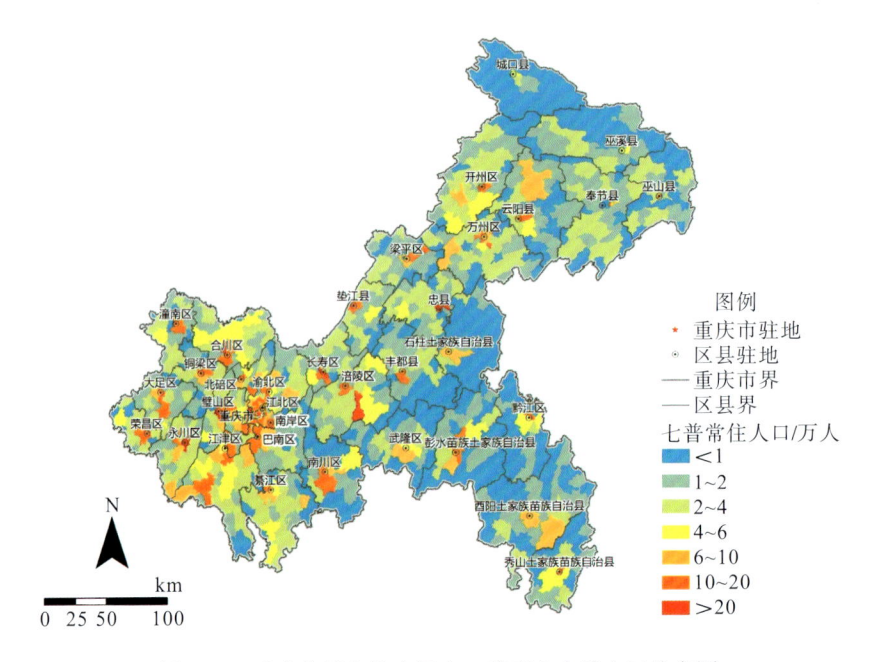

图 2-17 重庆市第七次全国人口普查各乡镇人口分布图

2.3.2 城镇空间格局

1. 城镇建设用地现状

建设用地是人类影响自然生态最主要和最直接的方式，承载了绝大多数人类活动。重庆山水纵横、丘陵起伏、水网密布，城镇布局大多临山、滨水，方便生产生活的同时，也对生态环境带来一定影响。作为西部地区唯一的直辖市，重庆的建设扩张规模大、速度快。

空间上，全市所有区县城均呈现滨水布局特征(图 2-18)，近半数区县城位于长江、嘉陵江、乌江三大河流沿岸。规模上，城镇建设用地集中分布在中心城区和渝西地区。中心城区现状城镇建设用地总面积为 865.56km²，占比 46.43%。渝北区现状城镇建设用地规模全市第一，面积为 271.37km²；沙坪坝区现状城镇建设用地总面积为 105.55km²，为全市第二。海拔在 900m 以上的高山城镇主要分布在渝东南、大娄山区和三峡库区，共计 74 个乡镇街道，总面积 31.67km²，其中，武隆区仙女山街道是全市面积最大的高山城镇，达 9.50km²。

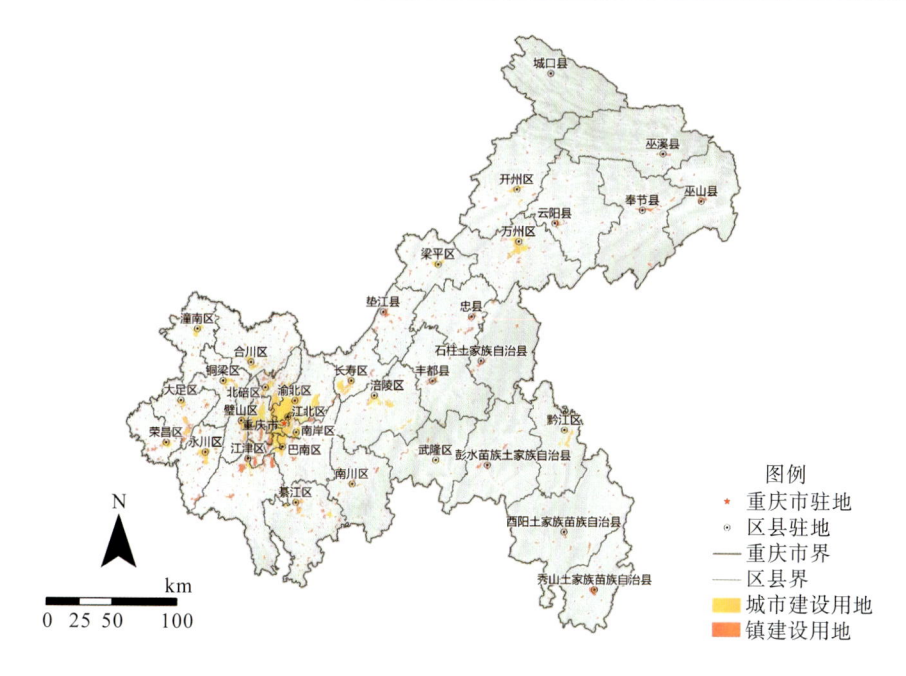

图 2-18 重庆市城镇建设用地分布图

重庆中心城区以长江和嘉陵江交汇处为核心，城市拓展逐步越过"四山"。渝西地区现状城镇建设用地总面积为 609.82km²，占比 32.71%。区内主要为丘陵地貌，地势条件较渝东北、渝东南更为优越。根据全市国土空间规划，该区域是未来重庆城镇化和工业化的主战场，应当更加注意协调生态保护和经济发展的关系，走绿色发展之路。

渝东北地区以万州区现状城镇建设用地为最，面积为 73.49km²，渝东南地区以黔江区现状城镇建设用地为最，面积为 24.92km²。渝东北和渝东南地区山高坡陡，立地条件差，生产生活设施多沿岸分布，城镇布局集中于河流两岸，存在水生态安全风险。且地质灾害、水土流失问题交织，威胁当地居民的生命和财产安全。

2. 城镇内部生态空间

"两江"自西向东，穿城而过，为城市空间带来"水汽"，带走"热量"。"四山"由北向南契入城市，是中心城区天然的"绿肺"，对城市生态稳定发挥着重要作用。2019年，中心城区城市建设用地 709.66km²，其中现状绿色生态空间(公园绿地、防护绿地、广场用地)65.60km²，分布有照母山森林公园、九曲河湿地公园、园博园、中央公园、彩云湖湿地公园等大型点状生态空间，对城市生态调节发挥着重要作用。由于历史发展和自然条件的约束，城区内部的绿色生态空间建设缺乏系统性，多呈点状分布，如渝北区照母山森林公园、园博园、中央公园、九龙坡的彩云湖湿地公园，未能有效连接"四山""两江"等大型绿色空间，形成绿色蓝色网络，畅通城市内外物质循环和能量流动。根据全市国土空间规划部署，未来西部槽谷将全面开发，应当在建设阶段为生态空间网络化预留足够的空间，将西部槽谷内部的绿地、水体等与"四山""两江"有机联系起来，构成完整的生态网络，维护城市生态系统稳定。

2.3.3 基础设施建设

1. 交通基础设施建设

交通设施方便人类活动的同时，对自然生态最直接的影响是对生态系统的切割。2019年，全市现状铁路里程2498.86km（表2-4），其中高速铁路383.77km。公路通车里程17.4万km，同比增加1.7万km，增长10.8%，其中，高速公路3235km，三级以上公路1.54万km，后者占比8.85%（图2-19）。作为一个以山地为主的城市，大量的道路交通设施建设不得不采取凿山穿林等方式，对生态环境影响较大。

表2-4 2019年全市铁路状况

名称	等级	正线数	名称	等级	正线数
成渝高铁	高速铁路	双线	兰渝铁路	I级	双线
渝万城际	高速铁路	双线	渝贵铁路	I级	双线
成渝铁路	II级	单线	达万利铁路	I级	单线
川黔铁路	I级	单线	南涪铁路	II级	单线
襄渝铁路	I级	双线	三万南铁路	II级	单线
遂渝铁路	I级	双线	宜万铁路	I级	单线
渝利铁路	I级	双线	西铜线	高速铁路	单线
渝怀铁路	I级	渝涪双线	双槐电厂铁路专线	—	双线
		涪怀单线	枢纽联络线及支线	—	—

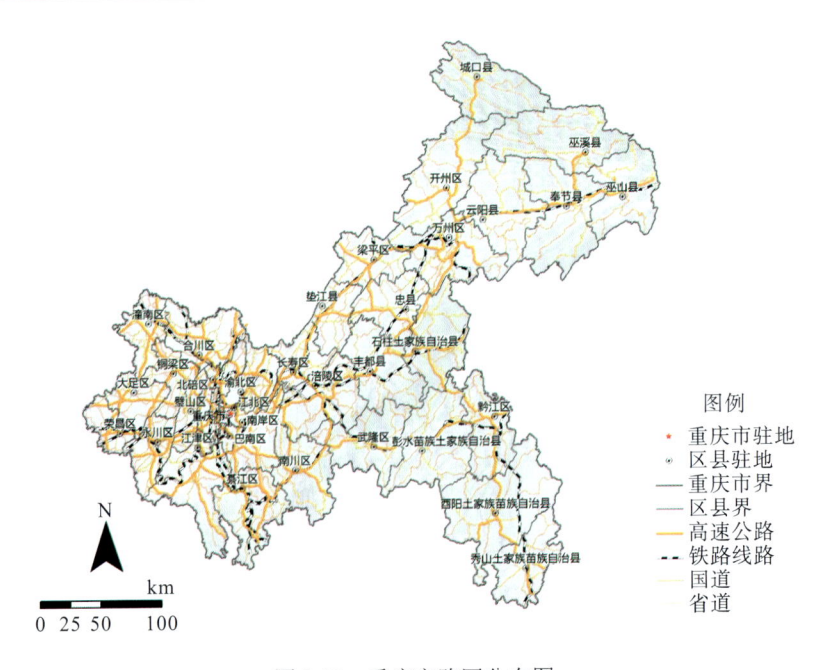

图2-19 重庆市路网分布图

2. 水利设施建设

水利设施建设对水生态过程和"水-陆"交互生态过程有阻隔作用。重庆全市对生态过程有直接影响的水利设施主要包括水电站、拦水坝、水闸、岸堤等类型,其中,水电站、拦水坝、水闸直接阻断了水系的自然流动,使得水生生物难以通过,特别是洄游鱼类难以回到上游产卵地,影响水生态物质交换过程。水电站、拦水坝、水闸等水利工程建设活动(如坝基开挖、边坡开挖、人工堆渣以及水库蓄水等)易引发地质灾害,同时也会改变河流生态、蓄水蓄沙,打破水-沙平衡,导致水质下降。岸堤建设直接的影响对象是河滨湿地,自然岸线渠化导致"水-陆"交互生态过程被阻隔。

根据相关数据统计,重庆全市共有拦水坝3880处、水闸59处、岸堤475处,以及水电站1572座。水电站广泛分布于长江各级支流,其中渝东北738座,渝西地区431座,渝东南343座,中心城区60座(图2-20)。全市流域面积在1000km^{2}的河流上建设的拦水坝、水闸、岸堤等水利设施共计279处,包括拦水坝168处,水闸23处,岸堤88处(图2-21和图2-22)。

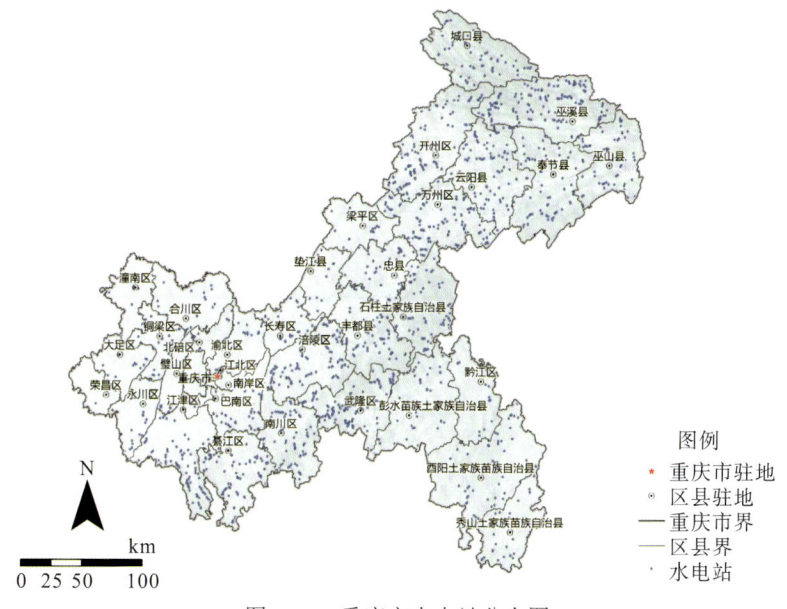

图2-20 重庆市水电站分布图

图2-21 潼南、合川部分拦水坝影像

第 3 章 市域生态系统特征识别

3.1 生态系统总体特征

2021 年,生态环境部发布了《全国生态状况调查评估技术规范——生态系统遥感解译与野外核查》技术规范。根据规范中的主要生态系统类型,结合重庆生态本底特征,从生态系统的整体性、系统性角度出发,梳理出全市生态系统主要的七种生态系统类型,包括森林生态系统、灌丛生态系统、草地生态系统、湿地生态系统、农田生态系统、城镇生态系统、其他生态系统。

全市森林生态系统是最主要的生态系统类型,面积为 33076.2km^2,占比 40.2%;灌丛生态系统面积为 13134.7km^2,占比 16.0%;草地、湿地、其他生态系统规模相对较少,共 5247.6km^2,占比不足 7%;农田生态系统面积为 23344.5km^2,占比 28.3%;城镇生态系统面积为 7598.2km^2,占比不足 10%(表 3-1)。

表 3-1 重庆市生态系统类型统计表

生态系统类型		面积/km^2	占比/%
人工生态系统	农田生态系统	23344.5	28.3
	城镇生态系统	7598.2	9.2
自然生态系统	其他生态系统	253.6	0.3
	灌丛生态系统	13134.7	16.0
	湿地生态系统	1505.3	1.8
	森林生态系统	33076.2	40.2
	草地生态系统	3488.7	4.2
合计		82401.2	100

市域生态系统空间分布格局差异显著,山、水自然地理大格局下,全市天然形成两大生态空间。一是大巴山、巫山—七曜山、武陵山、大娄山为主体的自然生态空间,包含渝东南全域、渝东北大部分地区,以及南川、綦江、江津一线,区内自然生态系统分布广泛,尤其森林生态系统、灌丛生态系统交错分布,自然资源丰富且质量较高,是重要生物多样性维护和水源涵养保护区。二是以平行岭谷、方山丘陵为主体的人类活动空间,包含中心城区在内的其他区域,紫色土、水稻土分布广泛,土地平坦,耕作条件好,农田、城镇分布集中,是全市最大规模的城镇空间和重要的农业发展区(图 3-1)。

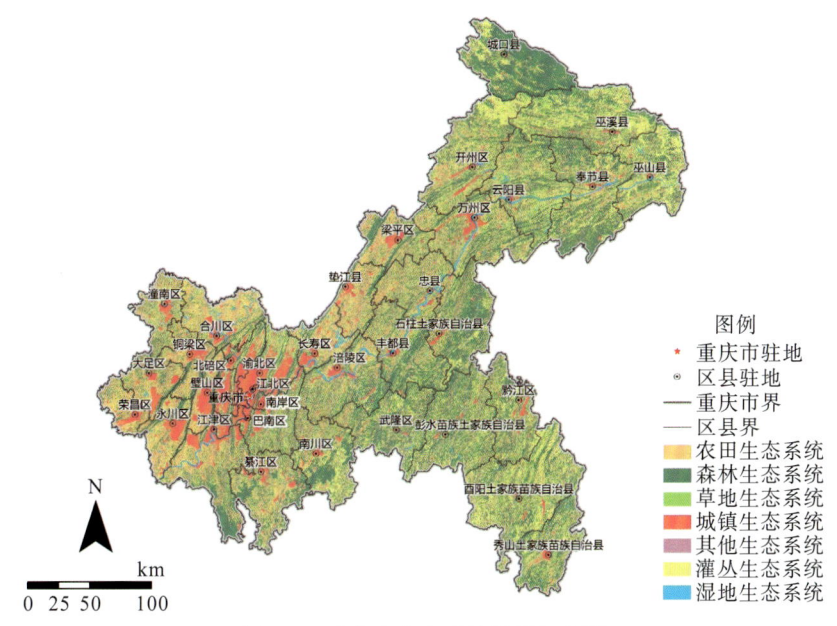

图 3-1　重庆市生态系统类型分布图

3.2　生态系统分异特征

受地形地貌影响，山地地貌是生态系统类型分布的主要区域。据统计，95.29%的灌丛生态系统、89.54%的森林生态系统、78.43%的草地生态系统、70.79%的其他生态系统，以及 60.61%的农田生态系统、31.78%的城镇生态系统、12.58%的湿地生态系统均分布于山地区域。此外，62.23%的湿地生态系统分布于河谷地貌，43.69%的城镇生态系统分布于丘陵地貌（表 3-2）。

表 3-2　重庆市不同地貌的生态系统类型统计　　　　（单位：km²）

类型	平原	丘陵	山地	河谷	台地
草地生态系统	67.1	535.6	2735.7	27.9	121.7
灌丛生态系统	85.4	366.7	12515.6	71.4	94.5
其他生态系统	33.8	9.2	179.3	27.4	3.6
森林生态系统	258.7	2444.0	29610.5	68.6	688.5
湿地生态系统	155.4	154.3	189.3	936.8	69.5
城镇生态系统	662.4	3318.8	2413.7	78.9	1122.4
农田生态系统	805.9	6031.5	14149.6	65.2	2291.3

从海拔来看，森林生态系统在不同海拔上均有相当规模的分布，并在海拔 300～600m 的区间分布相对较多，占比 27.50%；灌丛生态系统约 70%分布在海拔 300～1200m 的区域；草地生态系统在 300～900m 的区间分布相对集中；农田生态系统主要分布于海拔 900m

以下；城镇生态系统集中分布于海拔 600m 以下；湿地生态系统集中分布于海拔 300m 以下的河谷地带；其他生态系统在海拔 900m 以下区域分布较多(图 3-2)。

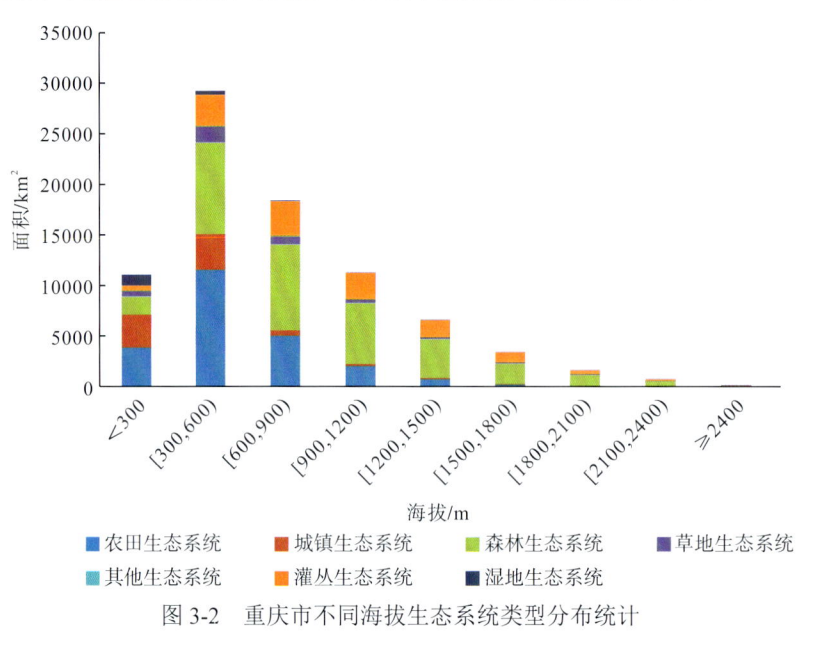

图 3-2 重庆市不同海拔生态系统类型分布统计

3.3 生态系统演替特征

重庆市生态系统以森林、农田、灌丛为主，2015 年三种生态系统分别占全市总面积的 41.5%、30.8%、16.4%，2019 年分别下降至 40.1%、28.3%、15.9%。由于城镇化进程不断加快，城镇生态系统面积由 2015 年的 3491.8km² 增长到 2019 年的 7598.2km²，增长 117.6%。迅猛的城市扩张背后，是大量自然与半自然空间被城市化，除城镇生态系统面积外，其余生态系统面积均有所减少。四年间，农田生态系统面积减少 2056.4km²，森林生态系统面积减少 1158.5km²，草地和灌丛生态系统分别减少 425.2km² 和 416.2km²，整体呈现出自然用地减少、人工用地增加的趋势(表 3-3)。

表 3-3 重庆市生态系统类型的构成及变化

生态系统类型	2015 年 面积/km²	占比%	2019 年 面积/km²	占比%	变化量/km²	面积变化率/%
农田	25400.9	30.8	23344.5	28.3	-2056.4	-8.1
草地	3913.9	4.7	3488.7	4.2	-425.2	-10.9
灌丛	13550.9	16.4	13134.7	15.9	-416.2	-3.1
森林	34234.7	41.5	33076.2	40.1	-1158.5	-3.4
城镇	3491.8	4.2	7598.2	9.2	4106.4	117.6
其他	273.5	0.3	253.6	0.3	-19.9	-7.3
湿地	1535.4	1.9	1505.3	1.8	-30.1	-2.0

重庆市生态系统格局的变化采用矩阵转移横向比较2015年和2019年两期生态系统格局面积，分析2015~2019年四年内生态系统格局变化情况。全市生态系统类型转移矩阵见表3-4。

表3-4 重庆市生态系统类型转移矩阵 （单位：km²）

2015年生态系统类型	2019年生态系统类型						
	农田	草地	灌丛	森林	城镇	其他	湿地
农田	22002.9	124.4	164.0	502.4	2548.3	6.0	53.0
草地	250.8	3086.5	62.9	126.5	364.1	5.2	17.9
灌丛	272.6	76.7	12641.4	237.6	302.2	13.7	6.7
森林	669.2	145.2	222.5	32118.1	1057.4	10.6	11.7
城镇	130.7	45.5	33.8	78.6	3193.5	2.1	7.6
其他	6.7	5.5	8.0	7.6	21.8	212.5	11.5
湿地	11.6	5.0	2.1	5.3	110.9	3.5	1397.0

2015~2019年，城镇、农田和森林生态系统格局发生了巨大变化，其中城镇生态系统转入面积4404.7km²，转出仅298.3km²，43.8%转化为了农田生态系统；农田生态系统方面，约3398.1km²的农田生态系统转化为其他类型，其中75%转化为城镇生态系统，约2548.3km²，从其他类型转入面积仅1341.6km²；森林生态系统转化为其他类型的面积为2116.6km²，约50%转化为了城镇，32%转化为了农田，其余转化为了灌丛、草地等生态系统，由其他系统转入958.0km²，超半数为农田转化而来；草地和灌丛生态系统变化较为相似，主要转化为了城镇和农田生态系统，部分转化为森林生态系统；湿地和其他生态系统面积相对稳定，变化量较小。

3.4 生态系统景观格局

从景观水平的景观破碎度、异质性和几何状况三个方面分别选择了斑块密度(patch density，PD)、香农多样性指数(Shannon's diversity index，SHDI)、最大斑块指数(largest patch index，LPI)这三个指标。研究区域的面积和移动窗口大小的选择对景观破碎化结果会产生一定影响，通过对比分析发现，采用500m的窗口既能保留梯度特征又不至于使景观指数出现较大波动，能通过景观指标的变动特征真实反映空间格局的变化。

2019年全市各生态系统类型的斑块密度(PD)为23.68个/100hm²(图3-3)，最大斑块指数(LPI)为6.34%(图3-4)，香农多样性指数(SHDI)为1.41(图3-5)。空间上，低PD区主要位于中心城区、区县城所在地，以及渝东北、渝东南等海拔较高的区域。高PD区环中心城区分布，万开云(万州、开州、云阳)及三峡库区部分区县均有不同程度的分布。高LPI区、低SHDI区和低PD区，低LPI区、高SHDI区和高PD区，空间分布高度一致。这表明，大巴山、巫山—七曜山、武陵山、大娄山等海拔相对较高的山区，以森林生态系统为主，类型单一，破碎化程度低，格局相对完整，对生态功能维护有较大作用。环中心城区、三峡库区、万开云人类干扰强度大，生态系统类型复杂多样，景观破碎程度高。渝西方山丘陵区和中部平行岭谷区 PD 值低、LPI 值高、SHDI 值低，主要是因为该区域农田分布连片集中，生态系统类型单一，且单个斑块面积较大，景观格局较为完整。

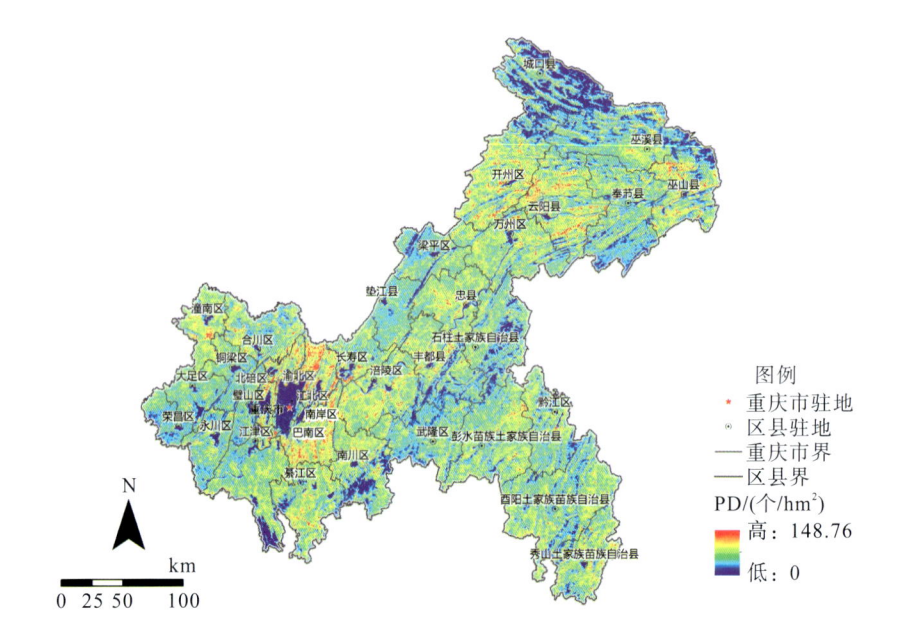

图 3-3 重庆市斑块密度(PD)值空间分布图

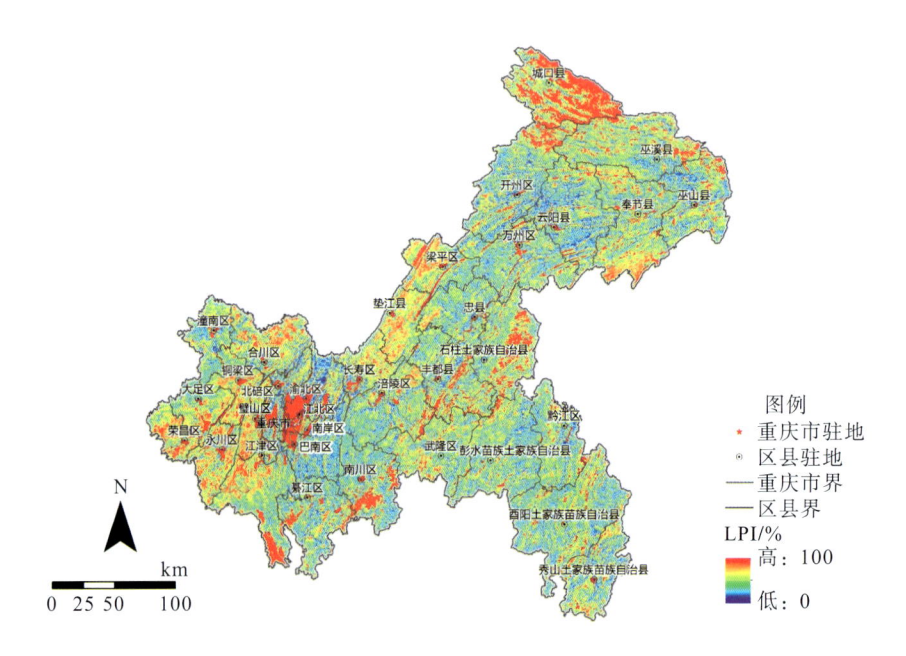

图 3-4 重庆市最大斑块指数(LPI)值空间分布图

第 3 章 市域生态系统特征识别

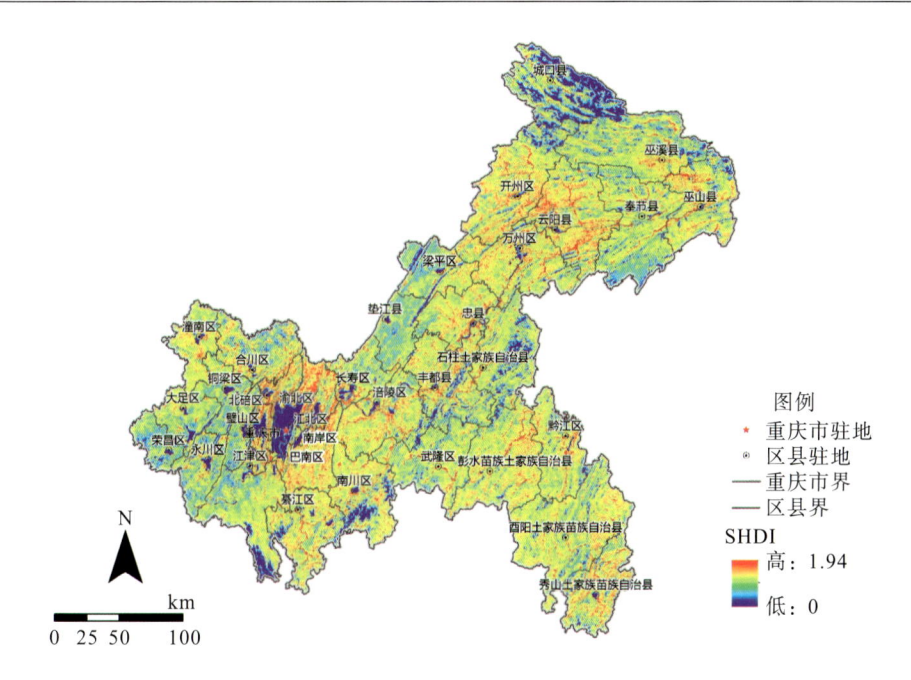

图 3-5 重庆市香农多样性指数(SHDI)值空间分布图

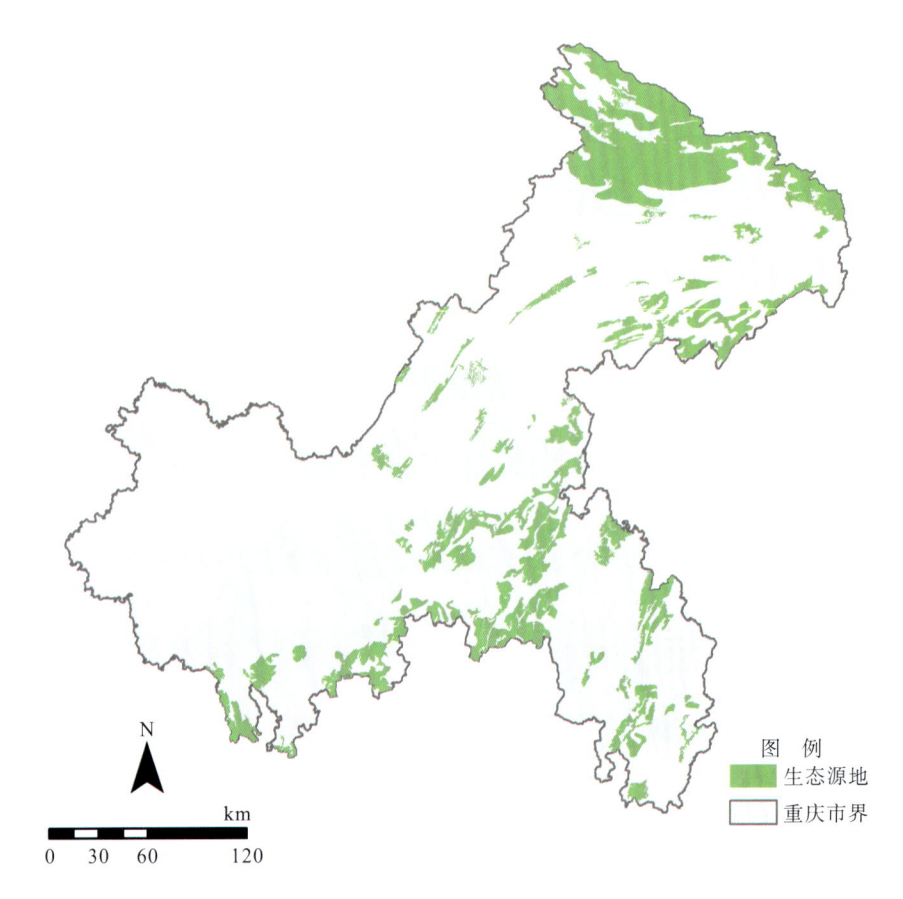

图 4-2　麝类源地分布图

3. 鸟类源地划定

鹭科鸟类是一种优良的生态环境指示生物，它对环境变化的敏感度较高，其种群数量、结构以及个体行为上的变化都可以成为城市环境质量评价的依据，并且国外很多城市已将鹭科鸟类作为环境监测物种，本书选择鹭科鸟类中的白鹭作为鸟类的代表物种进行迁徙阻力评估和廊道划定。

白鹭的巢址选择与天敌、食物、筑巢材料、种内种间关系都有一定的联系。白鹭倾向于选择乔木林中营巢，大型阔叶乔木粗壮的枝干和浓密的树叶对鸟巢起到保护作用，可防止不良天气对雏鸟和卵造成不利影响。巢址对乔木数量、灌木数量和盖度、坡向及坡度等因子没有明确的选择性。白鹭的取食方位很自由，东南西北均有。多数在距离栖息地 7~15km 范围内取食，少数在 30~100km 范围内取食。研究表明，白鹭的惊飞距离为 4~5m。白鹭的食物主要为小鱼虾、泥鳅、黄鳝等，一般昆虫类较多，蛙类较少。

本书根据白鹭的生活习性，提取白鹭的筑巢地和觅食地，筑巢地和觅食地为符合以下四个基本约束条件地块的集合：①乔木林地和鹭类自然保护地为筑巢地，沼泽滩涂等湿地为觅食地，筑巢地与觅食地相距不超过 15km；②筑巢地面积不小于 200hm²，觅食地面积不小于 100hm²；③海拔在 0~700m；④至城市区和主要对外交通用地距离不小于 400m 和 300m（图 4-3）。

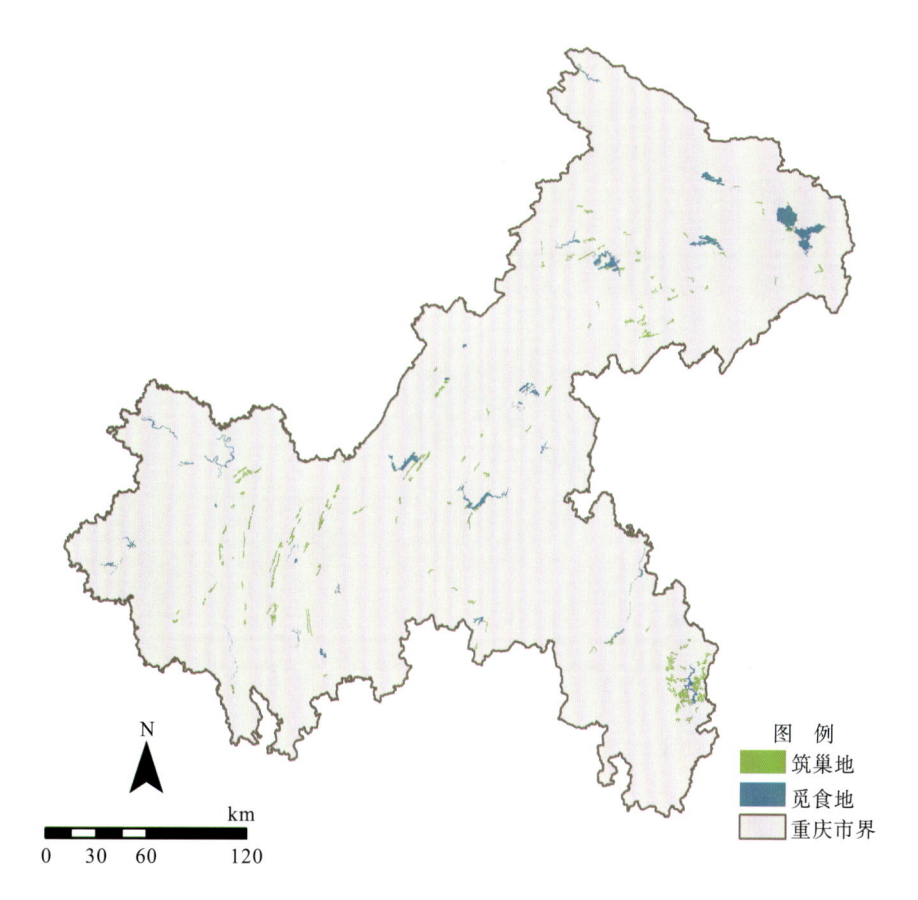

图 4-3　白鹭源地分布图

4. 鱼类源地划定

重庆市地处长江上游，水网密布，河流众多，为鱼类的生存提供了良好的水域条件，它所处的特殊地理位置也使其相应地形成了特有的生物群落。就鱼类而言，由上游高寒地区的冷水性鱼类区系向下游的暖水性鱼类区系过渡，水生动物种类极为丰富。

相对于易于观测的陆生动物，鱼类终年生活在水中，研究工具相对较少且难以操作，加之鱼类生境极为单一，因此提取重庆市流域面积大于 1000km² 的河流和大型水库作为鱼类的主要源地（图 4-4）。

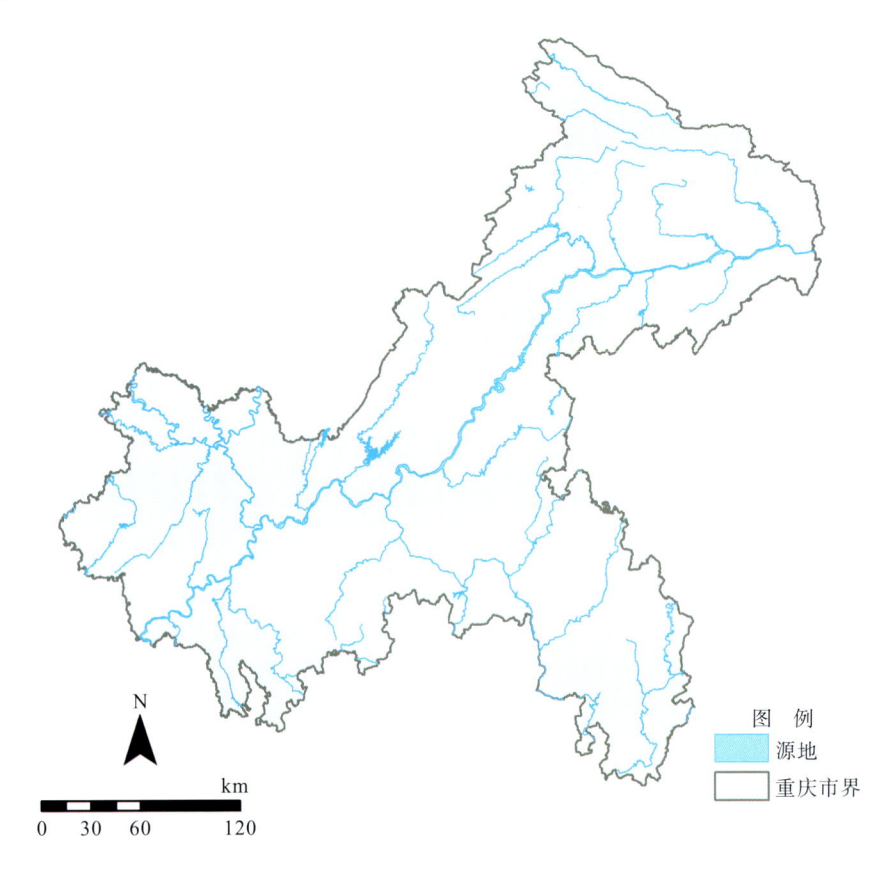

图 4-4 鱼类源地分布图

4.2 生物迁徙阻力评估

自然环境特征的差异以及不同社会活动对源地的生态流动有不同影响，本书依据重庆现有生态环境条件选定影响程度高的因子来构建阻力面。将其分为生态本底与生态胁迫两个准则层，生态本底属性包括坡度、海拔、土地利用类型等指标，生态胁迫为距道路距离、距水体距离、人为干扰指数变化、夜间灯光指数等指标。将各阻力因子进行分级，并根据不同景观对物种迁移的阻力大小，分别设置 1~1000 范围内不同梯度的阻力值，其中，1 代表生境适宜性最高，阻力值最小，生态阻力赋值主要根据专家知识或经验数据进行。最终采用 GIS 栅格计算器工具进行阻力值的叠加，得到重庆市生物迁徙阻力面。

1. 猴类迁徙阻力评估

依据上述阻力面建立方法，综合考虑猴类的生活习性和人类活动影响，确定坡度、海拔、土地利用类型三个生态属性阻力因子，以及距道路距离、距水体距离、人为干扰指数变化、夜间灯光指数四个生态胁迫阻力因子，并对各阻力因子进行分级和赋值（表 4-1 和图 4-5），将各阻力因子的阻力值累加，得到猴类迁徙阻力面（图 4-6）。

表 4-1 猴类迁徙阻力面评价指标

阻力因子		划分标准	阻力值
坡度		<15°	100
		15°～35°	50
		35°～55°	10
		>55°	1
海拔		>1500m	1
		1000～1500m	10
		500～1000m	50
		<500m	100
土地利用类型	耕地	—	100
	园地	—	10
	林地	—	1
	草地	—	50
	商服、工矿、住宅、公管、特殊用地	—	800
	交通运输用地	铁路、轨道交通、公路、交通服务场站、机场、港口码头、管道运输用地	800
		城镇道路用地	500
		农村道路	100
	水域及水利设施用地	河流、湖泊、水库、坑塘水面、水工建筑用地	500
		沼泽地、沟渠	300
		沿海滩涂、内陆滩涂	100
	其他土地	空闲地、设施农用地、田坎	300
		盐碱地、沙地、裸土地、裸岩石砾地	200
距道路距离	高速公路、铁路	道路范围	1000
		200m缓冲	500
		400m缓冲	200
	城镇道路	道路范围	800
		150m缓冲	400
		300m缓冲	200
	国道、省道	道路范围	600
		100m缓冲	300
		200m缓冲	200
	县道	道路范围	400
		50m缓冲	200
		100m缓冲	100
	其他区域	道路及缓冲区范围外	0

续表

阻力因子		划分标准	阻力值
距水体距离	流域面积大于10km²的大型水体	流域范围	1000
		500m 缓冲	1
		1000m 缓冲	100
		1000m 缓冲范围外	200
	流域面积大于1km²的水体	流域范围	600
		300m 缓冲	1
		600m 缓冲	100
		600m 缓冲范围外	200
	其他河流	流域范围	300
		100m 缓冲	1
		300m 缓冲	100
		300m 缓冲范围外	200
人为干扰指数变化		−0.133～0.025	1
		0.026～0.184	50
		0.185～0.343	100
		0.344～0.502	300
		0.503～0.661	500
夜间灯光指数		0.08～3.27	1
		3.28～11.57	50
		11.58～24.35	100
		24.36～51.17	300
		51.18～162.94	500

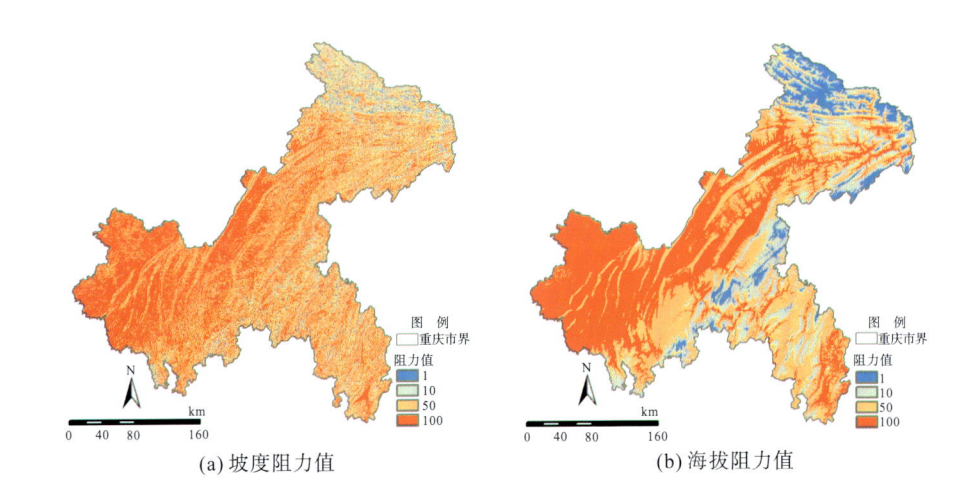

(a) 坡度阻力值

(b) 海拔阻力值

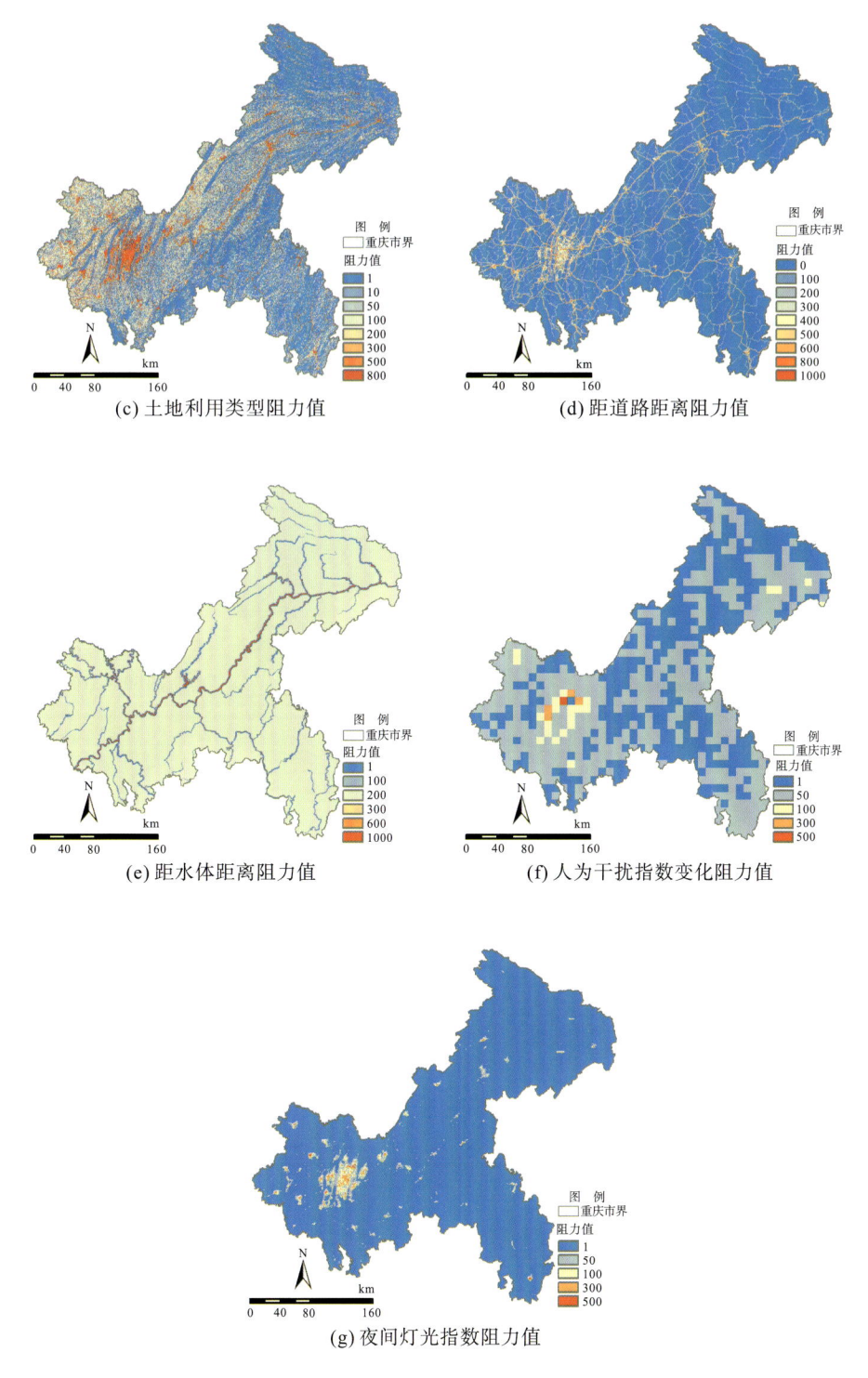

第4章 生态廊道划定与生态安全格局构建　　59

(c) 土地利用类型阻力值

(d) 距道路距离阻力值

(e) 距水体距离阻力值

(f) 人为干扰指数变化阻力值

(g) 夜间灯光指数阻力值

图 4-5　猴类迁徙阻力因子评价图

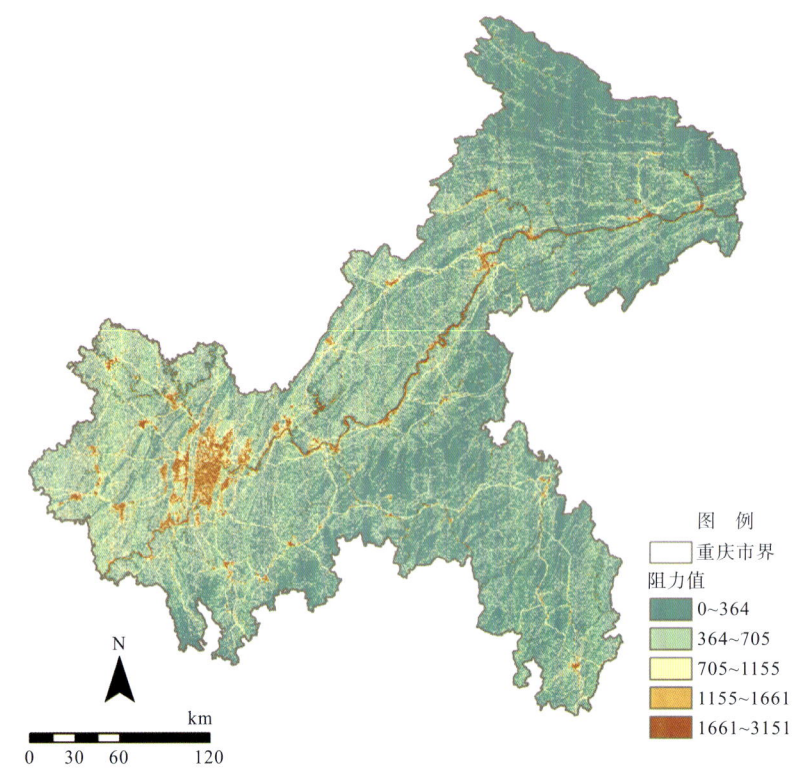

图 4-8 麝类迁徙阻力面

3. 鸟类迁徙阻力评估

白鹭的迁徙活动相比于哺乳动物，受人类活动的影响相对较小。考虑白鹭的筑巢环境和飞行高度等生活习性，以及迁徙过程中的捕食需求和人为干扰，本书选取海拔作为生态属性阻力因子，土地利用类型和距水体距离作为生态胁迫阻力因子（表4-3），构建白鹭的迁徙阻力面（图4-9和图4-10）。

表4-3 白鹭迁徙阻力面评价指标

阻力因子	划分标准	阻力值
海拔	<1500m	1
	1500~2000m	100
	>2000m	300
土地利用类型	林地、水域及水利设施用地	1
	耕地、园地、草地	100
	其他土地	300
	建设用地	500
距水体距离	水体范围	1
	5km 范围内	50
	15km 范围内	100
	30km 范围内	200

第4章　生态廊道划定与生态安全格局构建

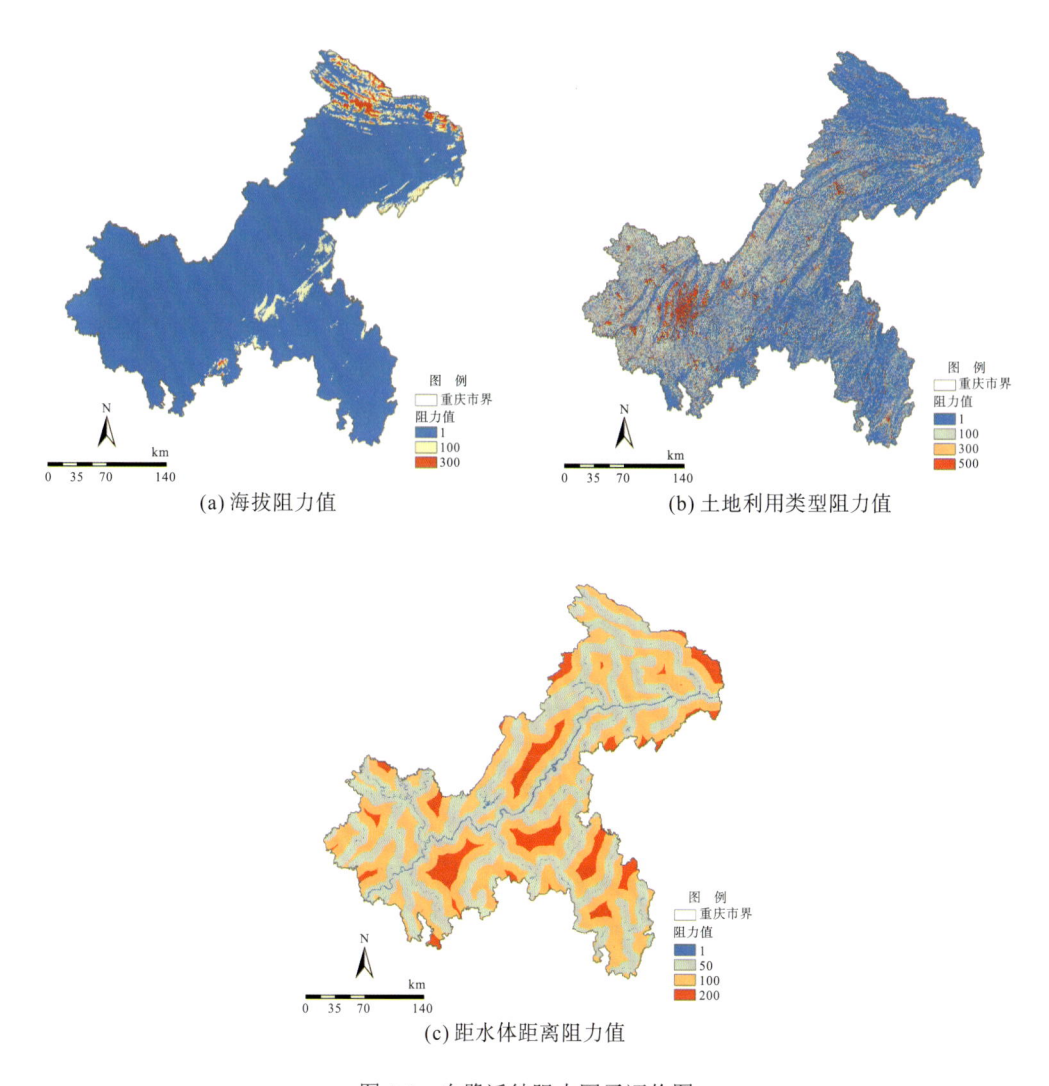

(a) 海拔阻力值

(b) 土地利用类型阻力值

(c) 距水体距离阻力值

图 4-9　白鹭迁徙阻力因子评价图

4. 鱼类迁徙阻力评估

水生动物，特别是淡水鱼类，多种环境因子对其生境适宜性有不同程度的影响，包括水温、水深、底质、水流、退水率、含沙量等。但由于水文基础数据资料匮乏，加上水文环境季节变化明显并易受人为干扰，水文监测点的数据对鱼类分布区而言缺乏代表性，本书仅选取对鱼类迁徙起阻断作用的水电站、拦水坝等水利设施作为鱼类的迁徙阻力因子，将水利设施 50m 范围内的河道阻力值设为 1000，其余河道的阻力值设置为 1，得到鱼类的迁徙阻力面(图 4-11)。

图 4-13　麝类迁徙廊道

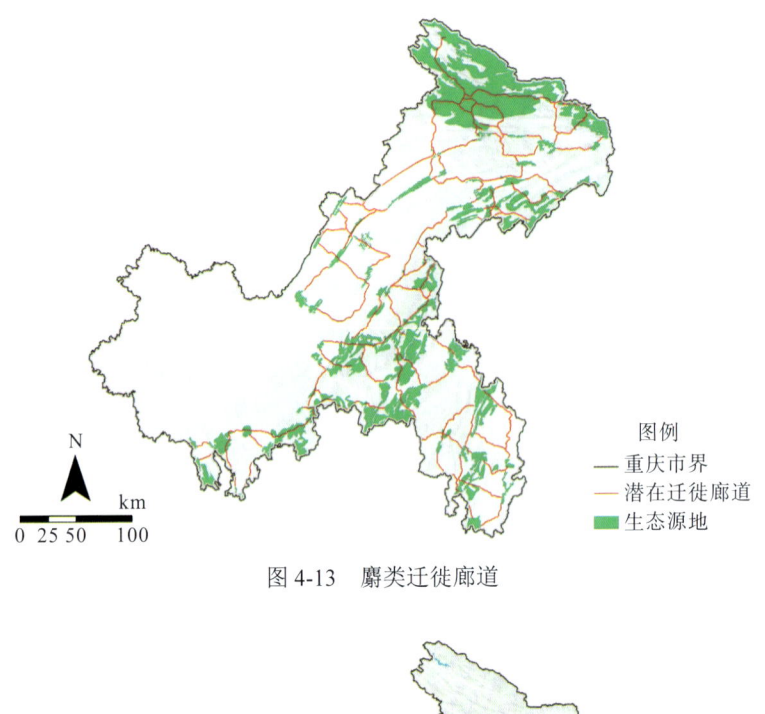

图 4-14　白鹭迁徙廊道

2. 鱼类迁徙廊道划定

由于水电开发和河流防洪的需要，很多河流被不同形式和规模的坝、闸等拦腰截断。重庆多山地，借助高水头、大落差，人们建立了大坝和水库，通过对河流的拦蓄来发电和防洪。这些拦蓄不但阻断了河流中洄游鱼类的通道，同时也影响了上游营养物质的向下输移和上游产卵区鱼苗对下游渔业资源的补充。这些水利建筑在给人们带来充足电能和大量可耕灌土地的同时，增加了河流生态系统的破碎度，造成种群多样性的减少，导致近亲繁殖和遗传退化。

随着河流连续系统理论的发展,河流内部环境和连续性在生态多样性和抗冲击性上的优势日益受到重视。因此,划定水生动物的迁徙廊道来指导河流的生态修复,成为水生态领域的迫切需求。鱼类的迁徙离不开河道,本书提取重庆市的重要河流作为鱼类的迁徙廊道(图 4-15)。

图 4-15 鱼类迁徙廊道

4.4 生态安全格局构建

1. 生态廊道

遵循自然生态的整体性、系统性、动态性及其内在规律,基于地理国情监测、第三次全国国土调查,以及社会经济等数据,本节使用生态系统服务功能和生态敏感性评估方法识别生态保护关键区域,结合自然保护地,利用最小阻力模型模拟多种生物的生态廊道。根据源地之间的联系强度和廊道阻力值的大小对生态廊道重要性进行划分,将连接多个大型生态源地且综合阻力值最小的廊道作为关键廊道,其余小型源地间的廊道作为一般廊道。通过对多种生物的生态廊道的整合,最终提取重庆市内 73 条生态廊道,其中关键陆生廊道 22 条,一般陆地廊道 37 条,河流廊道 14 条。

将提取的潜在生态廊道与河流、山脉数据进行叠加,发现潜在生态廊道基本上沿重要的河流和山体以环状形态敷设。从区域分布特征来看,渝东北大巴山区、渝东南七曜山和武陵山区,以及中心城区周边的生态廊道较为集中,这些区域自然本底状况较好,适宜生境斑块较多,可为物种生存与发展、生态物质和能量流通与交换提供良好的生态介质通道。

第5章 市域生态系统专项评价

5.1 市域生态系统敏感性评价

生态环境敏感性是指生态系统对各种环境变异和人类活动干扰的敏感程度,即生态系统在遇到干扰时,生态环境问题出现的概率。生态环境敏感性评价实质就是在不考虑人类活动影响的前提下,评价具体的生态过程在自然状况下潜在地产生生态环境问题的可能性大小。

本章综合考虑水土流失敏感性、石漠化敏感性、生境敏感性和酸雨敏感性,根据各敏感性因子的分级和赋值(表5-1),将上述各单因子敏感性影响分布图进行叠加计算,得到生态敏感性指数:

$$ES_j = \sum_{i=1}^{4} W_i F_i \tag{5-1}$$

式中,ES_j 为 j 空间单元生态敏感性指数;W_i 为 i 生态因子的权重,采用层次分析法,结合专家知识与统计分析确定各生态环境因子的权重;F_i 为 i 生态因子敏感性等级。采用自然断点法,将 ES 分为五级,绘制重庆市生态系统敏感性综合评价图。

表 5-1 各生态环境因子的权重表

项目	水土流失	石漠化	生境	酸雨
权重	0.559	0.286	0.116	0.039

5.1.1 水土流失敏感性评价

1. 评价方法

根据通用水土流失方程的基本原理,选取降水侵蚀力(R)、土壤可蚀性(K)、坡度坡长因子(LS)以及植被类型因子(C),结合重庆市实际情况对上述因子进行分级赋值(表5-2)。

2. 评价指标

1)降水侵蚀力(R)值

降水侵蚀力 R 值参考王万忠[174]研究成果,根据重庆市实际情况采用1~12月多年月均降水量计算，其计算式由周伏建等[175]构建的年 R 值估算式进行修正得到，见式(5-2)：

$$R = \sum_{i=1}^{12}(0.3046P_i - 2.6398) \tag{5-2}$$

式中，R 为年侵蚀力[J·cm/(hm²·h)]；P_i 为 1～12 月多年月平均降水量(mm)。将收集的全市 34 个雨量观测点资料代入式(5-2)计算，绘制降水侵蚀力因子图[图 5-1(a)]。

表 5-2 R、K、LS、C 因子对水土流失敏感性影响分级赋值标准

项目	不敏感	轻度敏感	中度敏感	高度敏感	极敏感
降水侵蚀力(R)	0～25mm	>25～100mm	>100～400mm	>400～600mm	>600mm
坡度坡长(LS)	0～20m	>20～50m	>50～100m	>100～300m	>300m
土壤质地(K)	石砾、砂土	粗砂、细土、黏土	面砂土、壤土	砂壤土、粉黏土、壤黏土	砂粉土、粉土
植被类型(C)	水体、草本、沼泽、稻田	阔叶林、针叶林、草甸、灌丛、萌生矮林	灌丛、萌生矮林、草原、稀疏灌木草原、一年两熟粮作、一年水旱两熟	荒漠、一年熟粮作	无植被
分级赋值(S)	1	3	5	7	9
分级标准(SS)	1.0～2.0	>2.0～4.0	>4.0～6.0	>6.0～8.0	>8.0

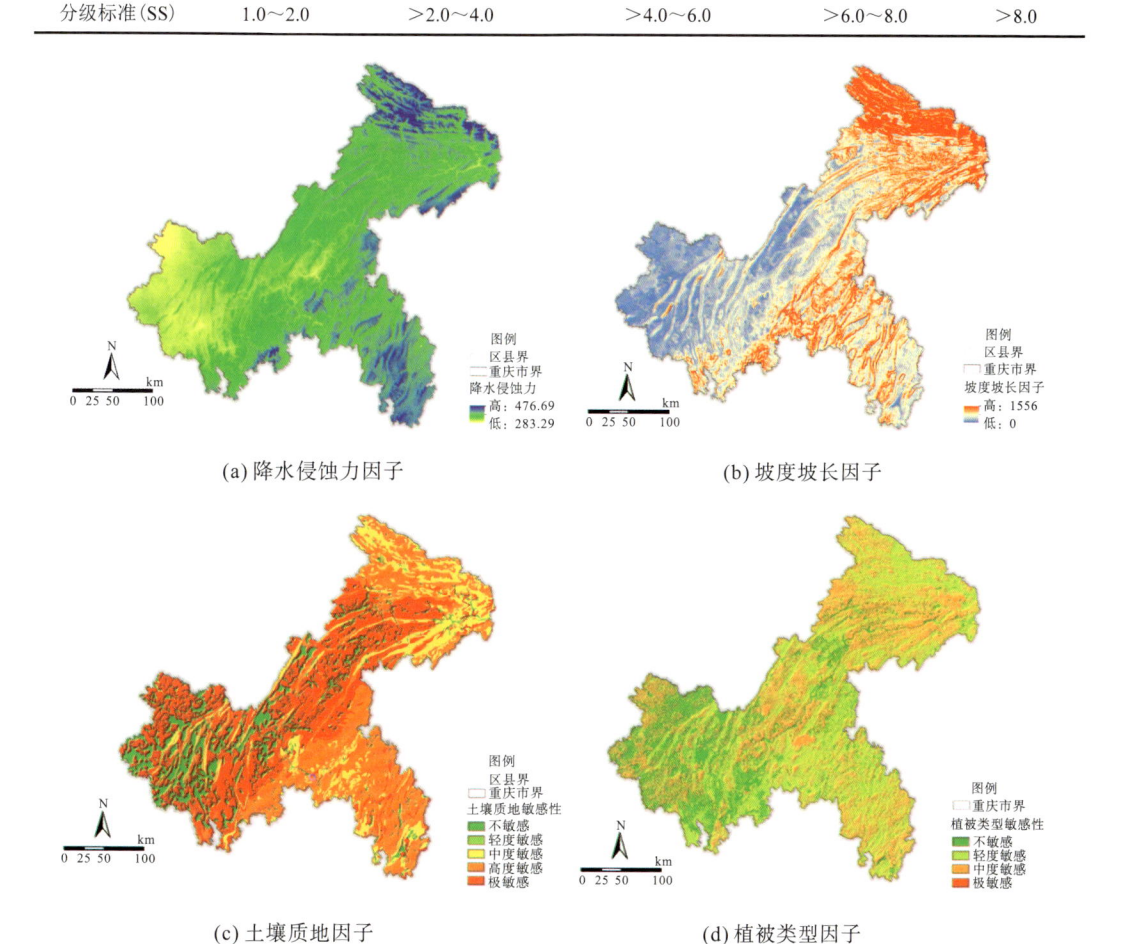

(a) 降水侵蚀力因子

(b) 坡度坡长因子

(c) 土壤质地因子

(d) 植被类型因子

图 5-1 水土流失因子分布图

2) 坡度因子

坡度根据数字高程模型(digital elevation model, DEM)数据在 GIS 系统下直接生成与分级[图 5-3(b)]。

3) 植被覆盖因子

植被覆盖度利用 2019 年 MOD13Q1 数据产品计算得到[图 5-3(c)], 计算公式为

$$f = (\text{NDVI} - \text{NDVI}_{\min}) / (\text{NDVI}_{\max} - \text{NDVI}_{\min}) \tag{5-4}$$

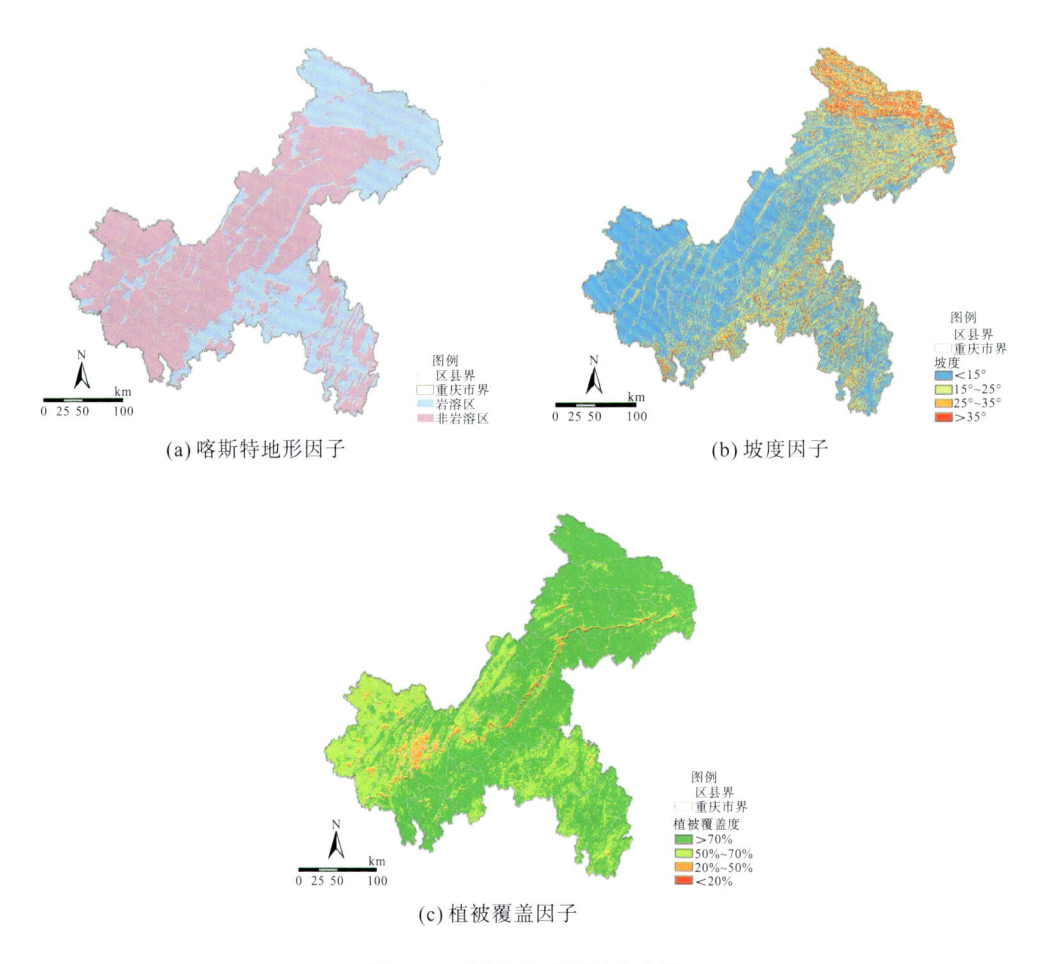

(a) 喀斯特地形因子

(b) 坡度因子

(c) 植被覆盖因子

图 5-3　石漠化敏感因子分布图

3. 评价结果

重庆市石漠化极敏感区域相对较少,占全市总面积的 4.32%,中度敏感和高度敏感区面积分别占全市总面积的 13.29% 和 7.8%(表 5-5)。石漠化敏感区与喀斯特地貌高度相关,喀斯特地区土层薄,其丰富的碳酸盐岩具有易淋溶、成土慢的特点,是石漠化形成的物质基础。山高坡陡,气候温暖、雨水丰沛而集中,为石漠化形成提供侵蚀动力和溶蚀条件。

石漠化敏感区集中分布于渝东北地区和渝东南地区，极敏感区域多集中成片分布于渝东北大巴山地区，高度敏感区主要分布在城口、巫溪、巫山、奉节、开州北部及渝东南部分区域(图 5-4)。

表 5-5　重庆市石漠化敏感性分级表

项目	不敏感	轻度敏感	中度敏感	高度敏感	极敏感
面积/km²	49628.29	11832.35	10950.69	6427.04	3559.59
比例/%	60.23	14.36	13.29	7.80	4.32

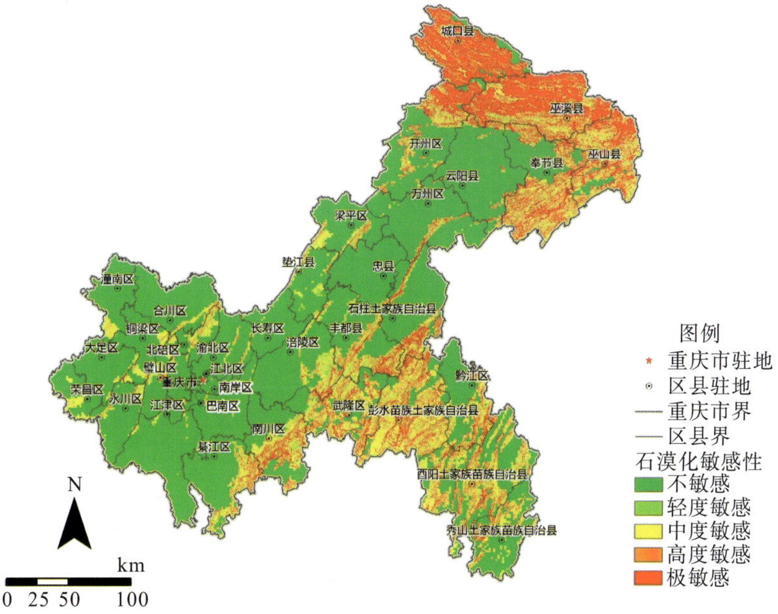

图 5-4　石漠化敏感性空间分布图

西部低山丘陵区和中部平行岭谷区绝大部分地区为中性和酸性岩类，地面坡度相对较缓，石漠化敏感性较小；平行岭谷局部地区相对高差较大，坡度较陡的石灰岩地段，石漠化敏感程度较高。

5.1.3　生境敏感性评价

生境敏感性反映生物栖息地的敏感性程度，是区域生物多样性保护研究的重要基础。

1. 评价方法

生态系统的类型一定程度上反映生境物种丰富度。生境敏感性评价借鉴叶其炎等[178]的相关研究成果，并征询专家意见，根据生态系统类型特征来进行综合评价，各生态系统类型敏感性分级情况见表 5-6。

表 5-6　重庆市生境敏感性分级表

敏感度	生态系统类型
极敏感	落叶阔叶林、常绿落叶阔叶混交林、常绿阔叶林
高度敏感	暖性针叶林、针阔混交林、常绿灌丛、灌草丛、典型草甸
中度敏感	温性针叶林、落叶灌丛、灌草丛、沼泽化草甸、挺水水生植被
轻度敏感	竹林、经济林类
不敏感	大田作物、果园林类、其他

2. 评价结果

重庆市生境极敏感和高度敏感地区面积总计 23335.10km²，占到全市总面积的 1/4 以上(表 5-7)。中、高度以上生境敏感区呈零星斑块状分布，大致呈弧形沿城口—巫溪—巫山—奉节—云阳—万州—石柱—丰都—武隆—南川—万盛—綦江—江津分布。中、高度以上生境敏感区的空间分布与全市主要山系、山脉、山体分布具有较高的一致性，多位于山岭顶部，此区域植被覆盖良好，生态系统多样，物种丰富，生物多样性价值高，对各种干扰活动的反应比较敏感，表现出较高的生境敏感性。就各区县生境敏感性的数量特征而言，奉节、巫溪、石柱、武隆、丰都、江津生境敏感区所占比例最高(图 5-5)。

表 5-7　重庆市生境敏感性评价分析表

项目	不敏感	轻度敏感	中度敏感	高度敏感	极敏感
面积/km²	48425.28	3633.75	7003.83	16009.92	7325.18
比例/%	58.77	4.41	8.50	19.43	8.89

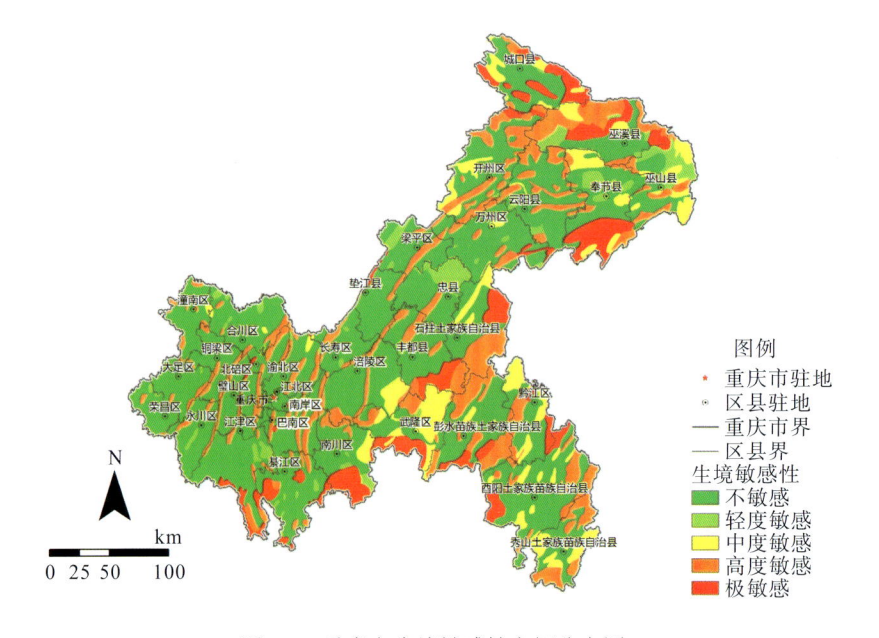

图 5-5　重庆市生境敏感性空间分布图

5.1.4 酸雨敏感性评价

生态系统对酸雨的敏感性,是生态系统对酸雨的反应程度,是指生态系统对酸雨间接影响的相对敏感性,即酸雨的间接影响使生态系统的结构和功能改变的相对难易程度。它主要依赖于与生态系统的结构和功能变化有关的土壤物理化学特性,与地区的气候、土壤、植被及土地利用方式等自然条件都有关系。

1. 评价方法

生态系统的酸雨敏感性特征可由生态系统的气候特性、土壤特性、地质特性以及植被与地表覆盖特性来综合描述。评价选用的分级指标体系(表 5-8)分为不敏感、轻度敏感、中度敏感、高度敏感、极敏感五个等级(表 5-9)。

表 5-8 生态系统对酸雨沉降的相对敏感性分级指标

因子	贡献率	等级	权重
土壤类型	2	Ⅰ A 组土壤	1
		Ⅱ B 组土壤	0
植被与土地利用	2	Ⅰ 针叶林	1
		Ⅱ 灌丛、草地、阔叶林、山地植被	0.5
		Ⅲ 农耕地	0
水分盈亏量(P–PE)	2	Ⅰ ≥600mm/a	1
		Ⅱ 300~<600mm/a	0.5
		Ⅲ 0~300mm/a	0

注:①P 为降水量;PE 为最大可蒸发量。②A 组土壤:砖红壤、褐色砖红壤、黄棕壤(黄褐土)、暗棕壤、暗色草甸土、红壤、黄壤、黄红壤、褐红壤、棕红壤。B 组土壤:褐土、棕壤、草甸土、灰色草甸土、棕色针叶林土、沼泽土、白浆土、黑钙土、黑色土灰土、栗钙土、淡栗钙土、暗栗钙土、草甸碱土、棕钙土、灰钙土、淡棕钙土、灰漠土、灰棕漠土、棕漠土、草甸盐土、沼泽盐土、干旱盐土、砂姜黑土、草甸黑土。

表 5-9 酸雨敏感性等级分类(等权体系)

项目	0~1	2~3	4	5	6
敏感性等级	不敏感	轻度敏感	中度敏感	高度敏感	极敏感

2. 评价结果

重庆市酸雨极敏感和高度敏感区域占全市总面积近一半,中度酸雨敏感区域占市域总面积的 35.95%(表 5-10)。空间分布上,极敏感区零星散布,在万州、石柱、武隆一带相对集中,巫溪、黔江等区县有少量分布;高度敏感区成片分布于东北部大巴山地区、东南部武陵山区以及江津、綦江等地;中度敏感区主要分布于西部方山丘陵和中部平行岭谷地区;轻度敏感和不敏感区沿江河带状分布,在江津、奉节、巫山境内相对集中成片(图 5-6)。其分布主要与土壤条件、水分盈亏有关,同时与植被类型和垦殖率有一定关系。

表 5-10 重庆市酸雨敏感性评价分析表

项目	不敏感	轻度敏感	中度敏感	高度敏感	极敏感
面积/km²	519.11	12648.09	29622.07	33535.96	6072.73
比例/%	0.63	15.35	35.95	40.70	7.37

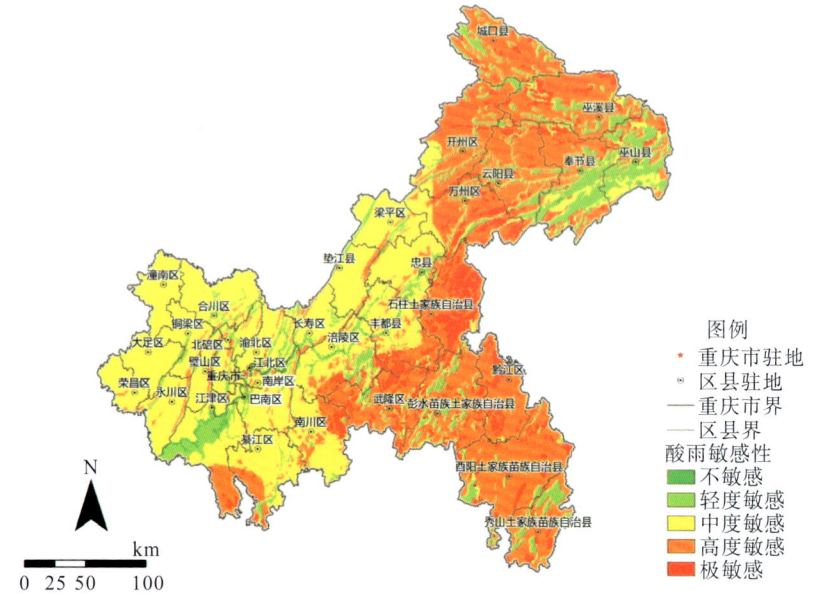

图 5-6 重庆市酸雨敏感性空间分布图

5.1.5 生态系统敏感性综合评价结果

重庆市生态系统极敏感区面积 3559.59km²，占全市总面积的 4.32%；高度敏感区面积 10497.50km²，占全市总面积的 12.74%；中度敏感区面积 12203.14km²，占全市总面积的 14.81%（表 5-11）。

表 5-11 重庆市生态系统敏感性综合评价分析表

项目	不敏感	轻度敏感	中度敏感	高度敏感	极敏感
面积/km²	32802.63	23335.10	12203.14	10497.50	3559.59
比例/%	39.81	28.32	14.81	12.74	4.32

空间上，东北部和东南部生态系统敏感性高，中西部地区表现为不敏感或轻度敏感。极敏感区域大致呈"7"字形沿城口一巫溪北部一巫山北部一奉节南部一石柱东南部一丰都东南部一武隆东南部分布；高度敏感区主要分布于东北部，以及涪陵—万州长江南岸的极敏感区的边缘地带；中度敏感区呈散点状分布于东北部、东南部和中部的主要山体区域（图 5-7）。

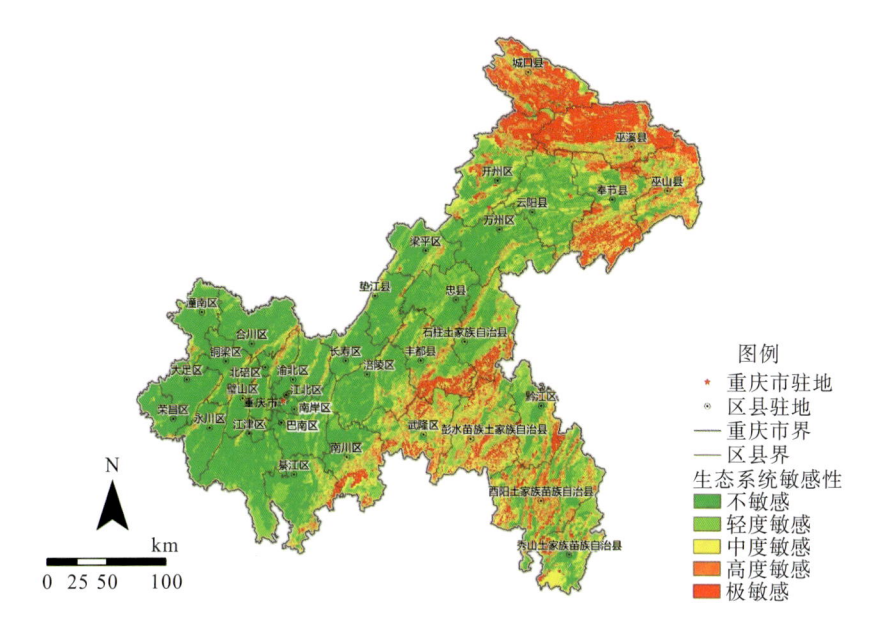

图 5-7　重庆市生态系统敏感性综合评价空间分布图

5.2　市域生态系统退化评价

生态系统退化是指在一定背景下，生态系统的某些要素或系统整体发生不利于生物和人类生存要求的量变和质变，生态系统的结构发生负向变化，表现出服务功能减弱，生物多样性降低，稳定性和抗逆能力下降等特征。

5.2.1　市域生态系统功能退化评价

1. 评价方法

通过构建生态系统退化指数，即评估区内林草植被生物量与同一自然地理带内未退化的同一类型最大生物量的比值，定量评价生态系统退化状况。

$$\text{EDI} = \frac{\text{EDI}_{\text{real}}}{\text{EDI}_{\text{max}}} \times 100\% \tag{5-5}$$

式中，EDI 为生态系统退化指数；EDI_{real} 为生态系统生物量，通过遥感获取；EDI_{max} 为生态系统顶级群落的生物量，一般为生态长期定位观测数据或样地调查数据。

考虑数据的易获取性和可操作性，且植被覆盖度与生物量有较好的正相关性，因此本章采用植被覆盖度代替生态系统生物量。同时，选择国家自然保护区的植被覆盖度作为本地顶级群落的生物量替代值。植被覆盖度（P_v）公式如下：

$$P_v = (\text{NDVI} - \text{NDVI}_{\text{soil}}) / (\text{NDVI}_{\text{veg}} - \text{NDVI}_{\text{soil}}) \tag{5-6}$$

式中，P_v 为植被覆盖度；NDVI（normalized difference vegetation index，NDVI）为归一化植被指数；$NDVI_{veg}$ 为纯植被像元的 NDVI 值；$NDVI_{soil}$ 为完全无植被覆盖像元的 NDVI 值。本章选取 NDVI 累计百分比的 95%和 5%对植被覆盖度进行近似估算。

最终根据生态系统退化指数，依次划分为极重度退化、重度退化、中度退化、轻度退化和未退化五个等级(表 5-12)。

表 5-12　市域生态系统功能退化评价分级

序号	退化等级	分级标准/%	描述
1	极重度退化	EDI＜50%	生态系统基本结构和服务功能丧失
2	重度退化	50%≤EDI＜70%	部分生态系统服务功能被破坏或丧失
3	中度退化	70%≤EDI＜80%	受自然与人为干扰，生态系统服务功能下降
4	轻度退化	80%≤EDI＜90%	生态系统服务功能稳定性下降，生态效益降低
5	未退化	EDI≥90%	自然森林植被完好，生态系统服务功能保持稳定

2. 评价结果

1) 总体情况

重庆市林草植被整体功能完整，但中心城区周边、渝东南、渝东北部分地区在人为干扰和自然要素的共同作用下，生态退化严重，存在一定的生态安全风险。基于生态系统退化指数评价林草生态系统退化，未退化林草植被面积为 29916.42km²，占林草植被总面积的 56.54%，轻度退化占 27.03%。全市极重度退化和重度退化面积和为 2655.71km²，占 5.02%(表 5-13)。

表 5-13　重庆市生态系统退化等级(2019 年)

退化等级	面积/km²	比例/%
极重度退化	747.36	1.41
重度退化	1908.35	3.61
中度退化	6036.00	11.41
轻度退化	14304.93	27.03
未退化	29916.42	56.54
合计	52913.06	100

2015 年与 2019 年林草功能退化趋势大体相同(图 5-8)，未退化区主要分布在渝东北地区的大巴山、巫山、七曜山，渝东南的武陵山，渝西地区的大娄山、"四山"等山地地区，退化严重区集中分布在中心城区和渝西方山丘陵区等人类活动强烈区域，以及长江、乌江沿岸地区。

(a) 2015年

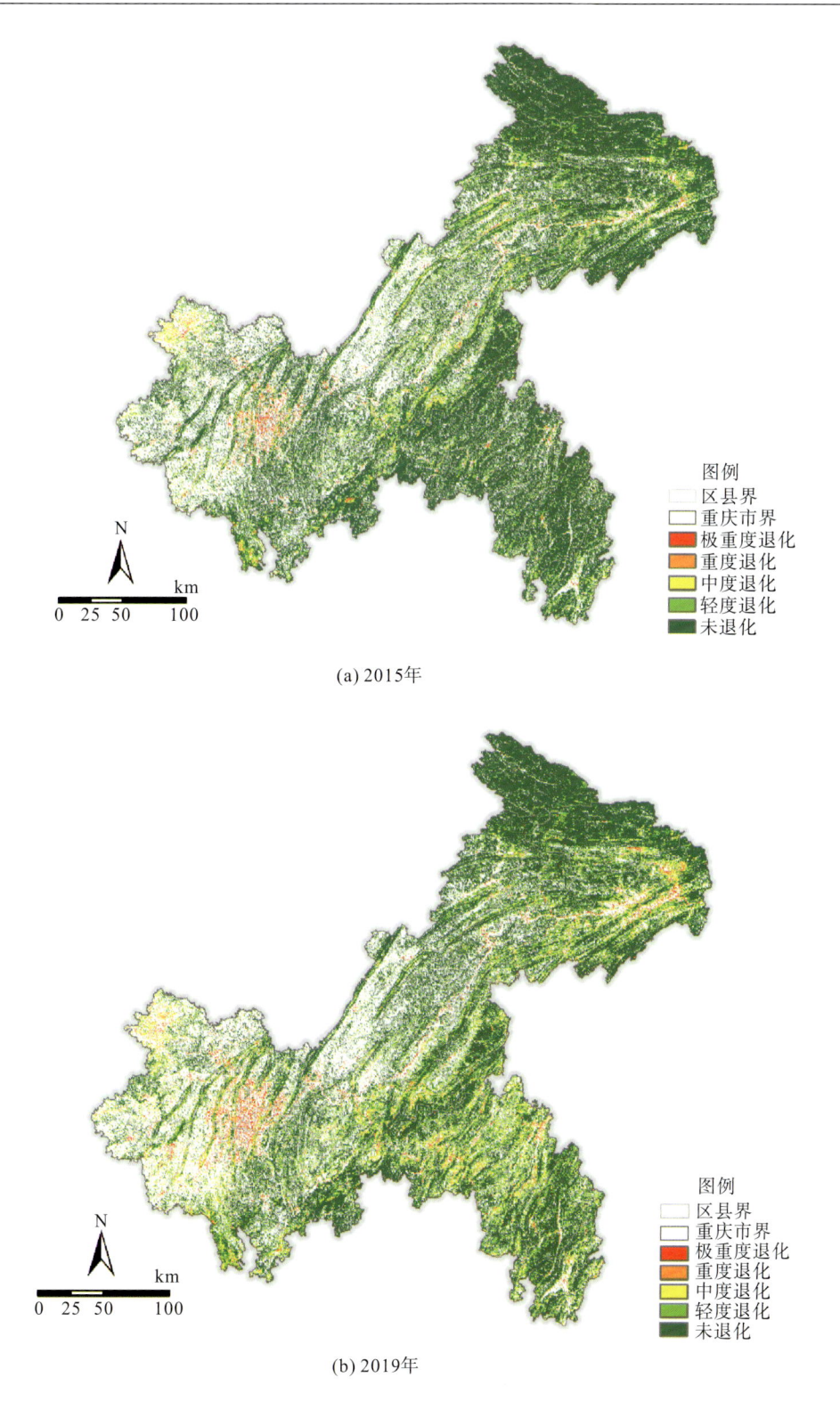

(b) 2019年

图 5-8　重庆市林草生态系统功能退化空间分布图

从区县来看(图 5-9)，林草植被未退化等级面积较大的区县主要集中在渝东北、渝东南盆周山地区域，包括城口县、巫溪县、酉阳县、开州区等；渝西地区是全市主要的农业生产区和城镇开发区，尤其中心城区，林草植被覆盖相对较少，人类活动强度大、范围广，对生态系统的负面影响较大，导致退化等级较高和规模较大。

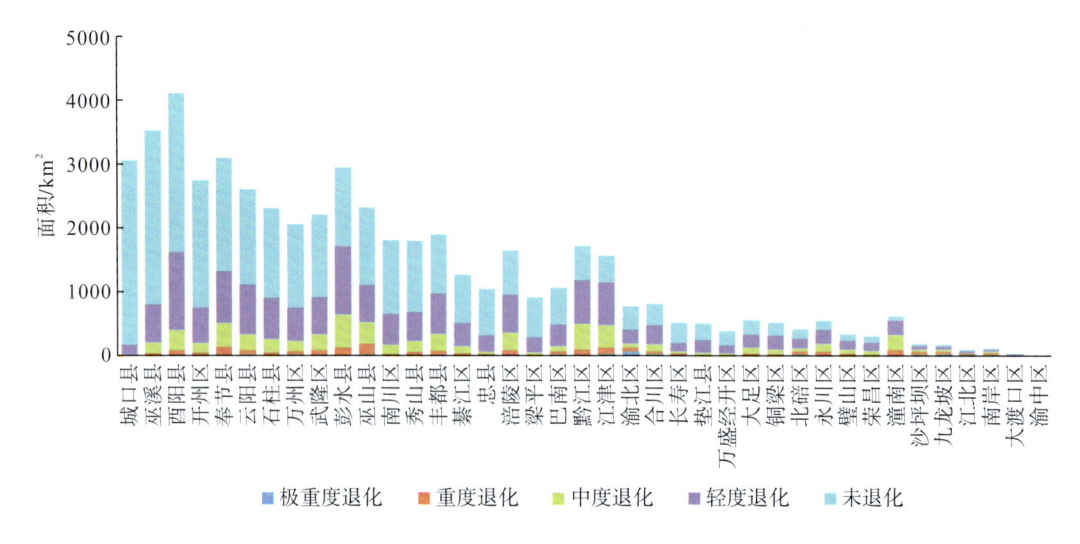

图 5-9 重庆市各区县生态系统退化类型统计(2019 年)

2) 变化分析

2015~2019 年，全市生态系统的功能总体呈现稳定态势，局部地区，如中心城区周边、渝东南乌江沿岸的彭水、武隆，渝东北长江沿岸的巫山、奉节、云阳等区县生态系统功能呈现出轻度退化趋势。根据统计(表 5-14)，全市未退化区域面积总体减少 9220.61km²，其中，林草植被覆盖面积减少 1031.63km²，生态系统功能退化类型合计增加 8188.98km²。从变化类型来看(表 5-15)，2015~2019 年，全市生态系统功能未退化区主要转换为生态系统功能轻度退化类型和中度退化类型。

表 5-14 重庆市生态系统功能退化统计(2015~2019 年)

类型	2015 年 面积/km²	占比/%	2019 年 面积/km²	占比/%	面积变化 /km²
极重度退化	435.28	0.81	747.36	1.41	312.08
重度退化	1055.44	1.96	1908.35	3.61	852.91
中度退化	3069.41	5.69	6036.00	11.41	2966.59
轻度退化	10247.53	19.00	14304.93	27.03	4057.40
未退化	39137.03	72.55	29916.42	56.54	-9220.61
合计	53944.69	100.00	52913.06	100.00	-1031.63

表 5-15 重庆市生态系统功能退化类型转移矩阵　　　　　　　　（单位：km²）

2015年	2019年				
	极重度退化	重度退化	中度退化	轻度退化	未退化
极重度退化	120.67	37.60	5.72	2.41	1.21
重度退化	59.19	266.67	141.56	53.54	18.10
中度退化	17.27	350.95	839.96	557.28	135.91
轻度退化	14.86	291.06	1751.36	3151.84	1504.12
未退化	39.69	130.95	1217.64	6235.28	23015.00

注：生态系统恢复功能退化等级变化3个及以上等级，为严重变差；变化2个等级，为中度变差；变化1个等级为轻度变差。

从空间上看(图 5-10)，全市生态系统功能改善提升的区域主要集中在中部平行岭谷区的铁峰山、精华山、南山(开州)、方斗山(万州、石柱、忠县、丰都)、南川、綦江、江津等区县的大娄山区，以及中心城区"四山"的部分区域。这些区域本身植被覆盖茂密，海拔相对较高，人类干扰少，且 2015~2019 年的年降水量增加近 200mm，为生态系统的功能恢复提供了自然条件，有效促进了林草植被的恢复。

2015~2019 年，在人类活动干扰和自然要素的共同作用下，全市呈现出四处生态系统功能变差的区域。具体如下：①渝东北大宁河流域和七曜山部分区域，包括巫山、巫溪、云阳、奉节等地，生态系统功能退化等级变化以轻度变差和中度变差为主。经分析，该区域 2015~2019 年的年降水量减少 50~400mm，广泛分布的水土流失带走大量养分和土壤，严重影响林草植被等自然生态系统的生产功能。同时，15°以上的陡坡耕地分布密集，人类活动的干扰也是生态系统功能退化的主要原因。②渝东南乌江流域的武隆、彭水、黔江等区县，生态系统功能退化等级变化以中度为主。经分析，该区域水土流失与石漠化交织影响，加之坡耕地广泛分布，导致区域生态系统植被生长受到干扰，生态功能下降。③中心城区内部及周边区县华蓥山余脉，其中，中心城区内部以严重变差类型为主，周边区县华蓥山余脉以轻度变差为主。经分析，在中心城区内部，高强度人类活动，建设空间侵占生态空间，生态系统受到严重干扰，生态功能退化严重。华蓥山余脉由北向南契入中心城区和铜梁、永川、璧山、合川等区县，人类建设活动干扰和水土流失引发的生态问题，是华蓥山余脉生态系统功能退化的主要原因。④渝西方山丘陵区，包括潼南、铜梁、大足等区县，生态系统功能退化等级变化以轻度变差为主，该区域地貌类型为方山丘陵区，岩体结构质地松脆，极易遭受侵蚀和风化，引发水土流失。区内森林覆盖率低，降水不多，生态本底条件较差。同时，作为全市重要的农业发展区，耕地分布广泛，人类活动对生态系统的干扰一直处于较高水平，使得生态功能逐渐变差。

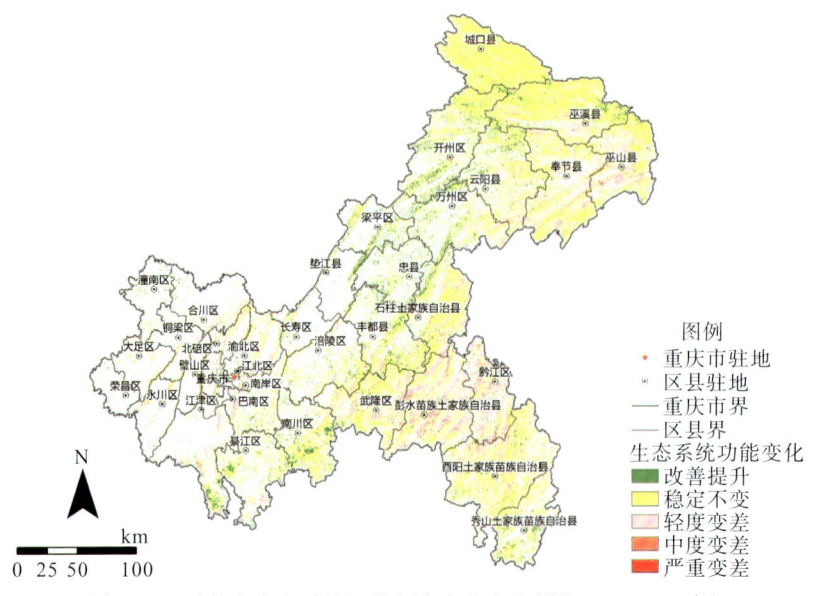

图 5-10　重庆市生态系统退化程度变化分布图(2015～2019 年)

5.2.2　市域生态系统结构退化评价

1. 评价方法

自然植被在维持生态系统平衡中有极为重要的意义，自然森林植被的破坏与减少是陆地生态系统退化的主要原因。因此，特定区域生态系统向生态系统服务能力低的生态类型转换，能够在一定程度上反映生态系统的破坏程度。综合考虑不同生态类型的特征和生态系统服务价值大小，依据生态系统结构退化分级表(表 5-16)，将生态系统退化等级划分为未退化、微度退化、轻度退化、中度退化、重度退化、极重度退化共六个等级，分别用 0、1、2、3、4、5 表示。

表 5-16　市域生态系统结构退化评价分级

2015年		2019年				农田		其他	城镇
		森林	灌丛	湿地	草地	园地	耕地		
森林		0	1	2	3	3	4	5	5
灌丛		0	0	1	2	2	3	4	5
湿地		0	0	0	1	1	2	3	4
草地		0	0	0	0	1	2	3	4
农田	园地	0	0	0	0	0	1	2	3
	耕地	0	0	0	0	0	0	1	2
其他		0	0	0	0	0	0	0	1
城镇		0	0	0	0	0	0	0	0

2. 评价结果

全市生态系统退化情况总体良好，发生生态系统退化的区域面积 1944.64km²，占全市总面积的 2.36%（表 5-17）。极重度退化区域面积 266.37km²，占退化区域的 13.70%；重度退化区域面积 327.47km²，占退化区域的 16.84%；中度退化区域面积 487.02km²，占退化区域的 25.04%。从空间分布上看（图 5-11），总体表现为渝东南地区退化程度较低，渝西和中心城区地区退化情况较严重；极重度退化区和重度退化区分布情况相似，主要分布于中心城区缙云山山脉、中梁山山脉、明月山山脉和铜锣山山脉的"四山"区域，另外，在渝西地区和渝东北巫山附近有集中分布区；中度退化区呈散点状分布，主要分布在东北部、东南部和中部的山体区域。

表 5-17 重庆市生态系统结构退化类型统计（2015~2019 年）

结构退化类型	面积/km²	占比/%
微度退化	55.56	2.86
轻度退化	808.22	41.56
中度退化	487.02	25.04
重度退化	327.47	16.84
极重度退化	266.37	13.70
合计	1944.64	100.00

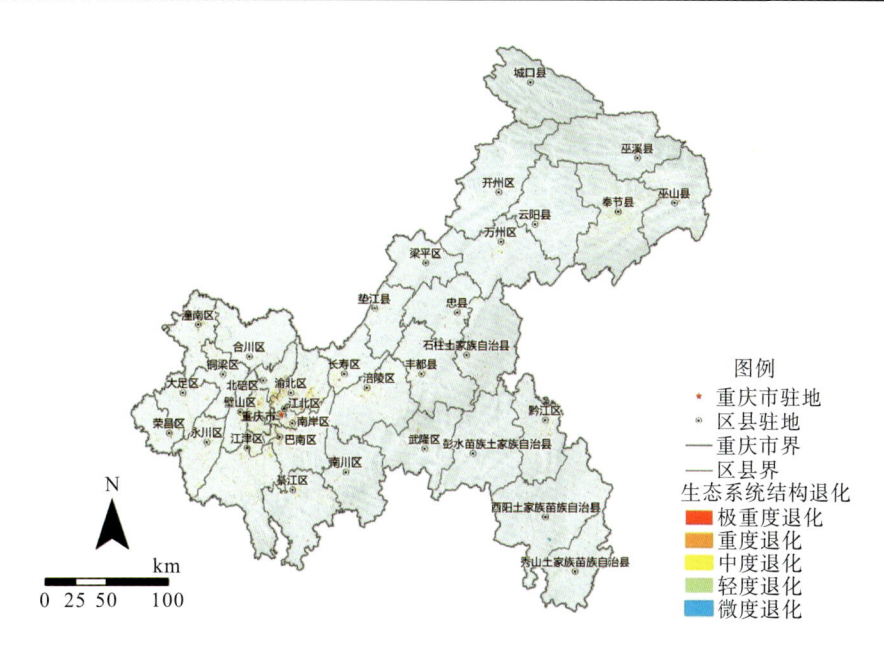

图 5-11 重庆市各区县生态系统结构退化类型分布图

从区县来看（图 5-11 和图 5-12），全市所有区县均有不同程度的生态系统结构退化。江津、奉节、渝北、酉阳、永川五区县生态系统退化规模相对较大，均超过 80km²。从类型来看，全市生态系统以中度退化和轻度退化为主，合计占比 66.60%，并以江津、奉节、渝北和潼南、秀山规模相对较大；全市生态系统结构重度、极重度退化区域分布较为零散，奉节、渝北和江津相对较大，面积依次为 46.27km²、37.89km² 和 30.73km²，其余大部分区县均分布有 10~20km² 的重度、极重度退化区。

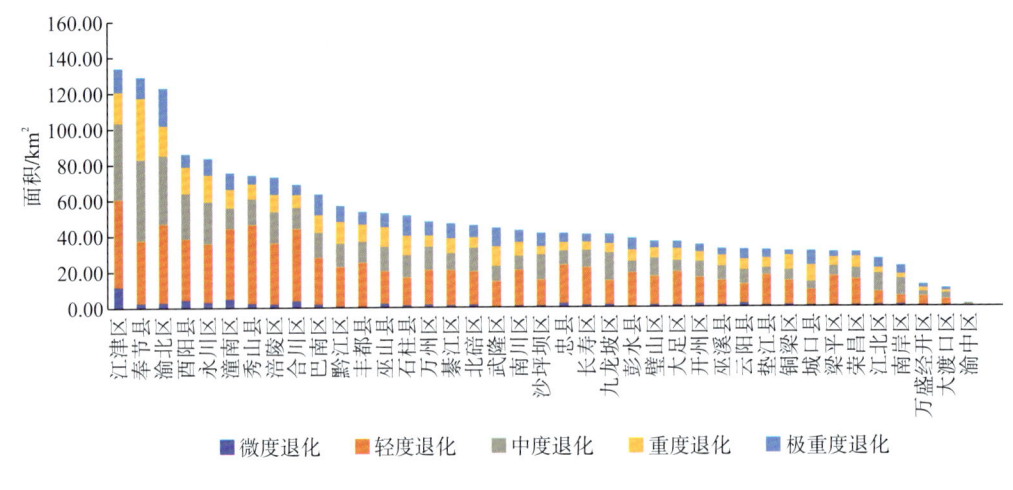

图 5-12 重庆市各区县生态系统结构退化统计（2015~2019 年）

从海拔分布上看（表 5-18），全市生态系统退化主要发生在海拔 600m 以下地区，退化面积 1387.63km²，占退化区域的 71.36%，海拔在 300~600m 的地区退化情况最严重，退化面积 833.78km²，占退化区域的 42.88%。该区域靠近人类活动区域，尤其中心城区周边，人类活动强度大、范围广，城镇建设侵占生态空间，大量林草植被被破坏，251.38km² 乔木林直接转化为建设用地，生态系统退化形势严峻。

表 5-18 重庆市不同海拔的生态系统结构退化等级统计（2015~2019 年） （单位：km²）

海拔/m	微度退化	轻度退化	中度退化	重度退化	极重度退化	总计
<300	78.25	157.74	225.37	78.11	14.38	553.85
[300,600)	95.52	199.86	379.61	131.56	27.23	833.78
[600, 900)	41.62	62.10	112.84	51.36	8.53	276.45
[900,1200)	23.56	35.76	51.53	31.06	3.07	144.98
[1200, 1500)	15.78	17.13	20.99	20.95	1.17	76.02
[1500,1800)	8.89	10.25	9.26	9.62	0.50	38.52
[1800,2100)	1.98	4.88	6.75	4.15	0.61	18.37
[2100,2400)	0.44	0.47	0.85	0.28	0.01	2.05
[2400,2700)	0.05	0.36	0.17	0.04	0.00	0.62
≥2700	0.00	0.00	0.00	0.00	0.00	0.00
总计	266.09	488.54	807.37	327.13	55.50	1944.64

5.3 市域生态系统恢复力评价

广义上生态系统恢复力是指生态系统在受到外界干扰，偏离平衡状态后所表现出的自我维持、自我调节及抵抗外界各种压力和扰动的能力，是维持生态系统服务功能的必要条件。

5.3.1 评价指标及方法

1. 指标体系

由于生态系统恢复力主要受到植被覆盖、土壤、水文、地形和气候等多因素影响，对其进行直接测定比较困难，本章从自然因素和人类活动干扰两方面入手，考虑植被生长状况直接受到气候条件的影响，植被的好坏能够在一定程度上代表气候条件的变化。综合数据的可获取性，选择年平均气温、年降水量、归一化植被指数（NDVI）、夜间灯光指数、人类干扰指数、路网密度六个指标，构建市域生态系统恢复力评价指标体系（表 5-19）。

表 5-19 市域生态系统恢复力评价指标体系

目标层	一级指标	二级指标
生态系统恢复力指数	自然因素	年平均气温
		年降水量
		NDVI
	人类活动干扰	夜间灯光指数
		人类干扰指数
		路网密度

对于市域的生态系统恢复力指数（ecosystem resilience index，ERI）可以表示为

$$\text{ERI} = \sum_{n=1}^{6} \omega_i P_i \tag{5-7}$$

式中，P_i 为第 i 个指标标准化后的值；ω_i 为第 i 个指标的权重值；ERI 为生态系统恢复力指数，即生态系统受到外界压力干扰后，恢复生态系统服务功能和平衡状态的能力大小，值越大表示恢复力越强，反之，则越弱。

2. 数据标准化

原始数据指标量纲不统一，无法进行比较计算。因此，必须对原始数据进行标准化处理，以消除量纲对评价结果的影响。本节选取极差变化法对原始数据进行标准化处理，主要分为两种情况：

(1) 对于正向指标，采用式(5-8)：
$$P_i = (x_i - x_{\min})/(x_{\max} - x_{\min}) \tag{5-8}$$
(2) 对于负向指标，采用式(5-9)：
$$P_i = (x_{\max} - x_i)/(x_{\max} - x_{\min}) \tag{5-9}$$
式中，P_i 为第 i 个指标标准化处理后的值；x_i 为第 i 个指标的原始数据值；$x_{\max}$ 和 $x_{\min}$ 分别为指标 i 的原始数据最值。

3. 评价指标

1) 年平均气温和年降水量

气温和降水对植被的生长、空间分布、多样性等具有十分明显的影响。根据气象站点监测资料，本节选取地形调节下的气温、降水空间化模型对年平均气温(图 5-13)和年降水量(图 5-14)进行空间插值。该方法除考虑气象站点经度、纬度、海拔等相对宏观地理因素外，还考虑坡度、坡向等微观因素对气象要素空间分布的影响。

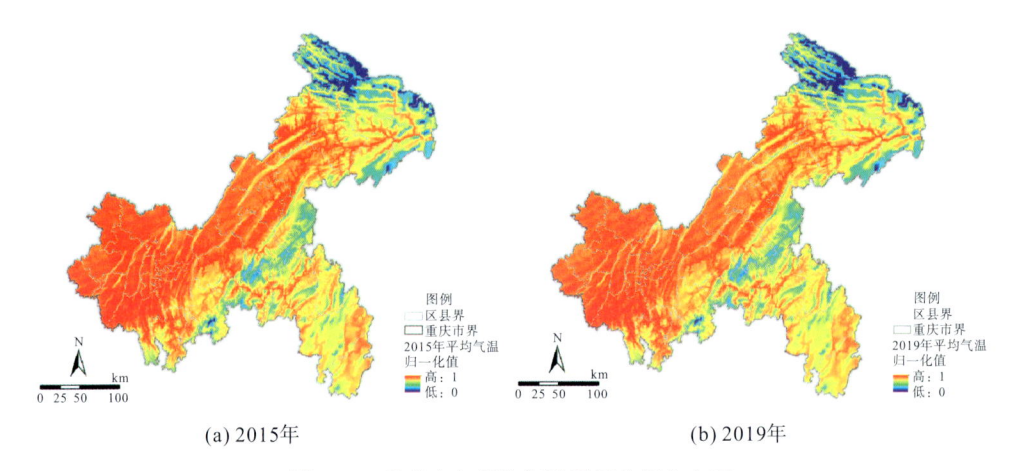

(a) 2015年　　　(b) 2019年

图 5-13　重庆市年平均气温因子空间分布图

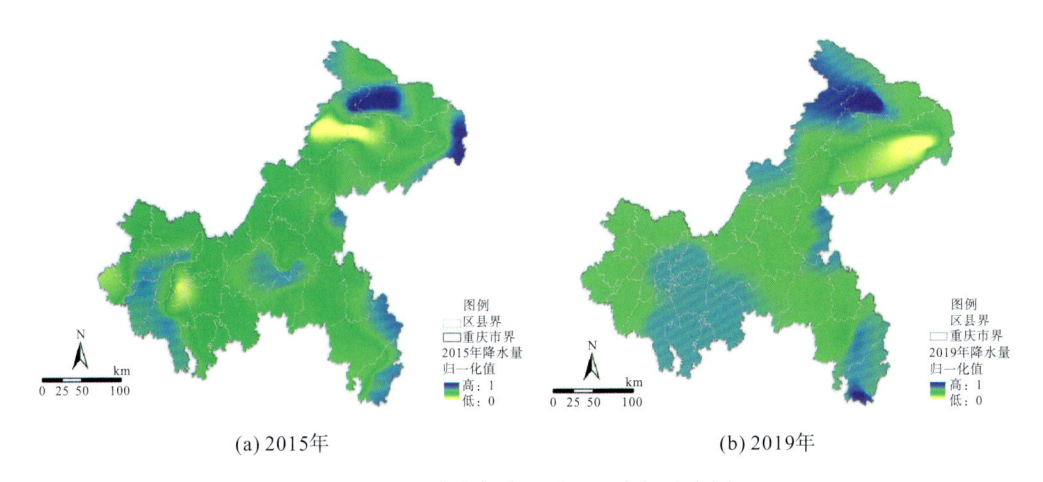

(a) 2015年　　　(b) 2019年

图 5-14　重庆市年降水量因子空间分布图

2) NDVI

NDVI 可以准确反映地表植被覆盖状况。本节选用基于连续时间序列的 MODIS 数据产品，采用最大合成法获取年度植被指数数据(图 5-15)。

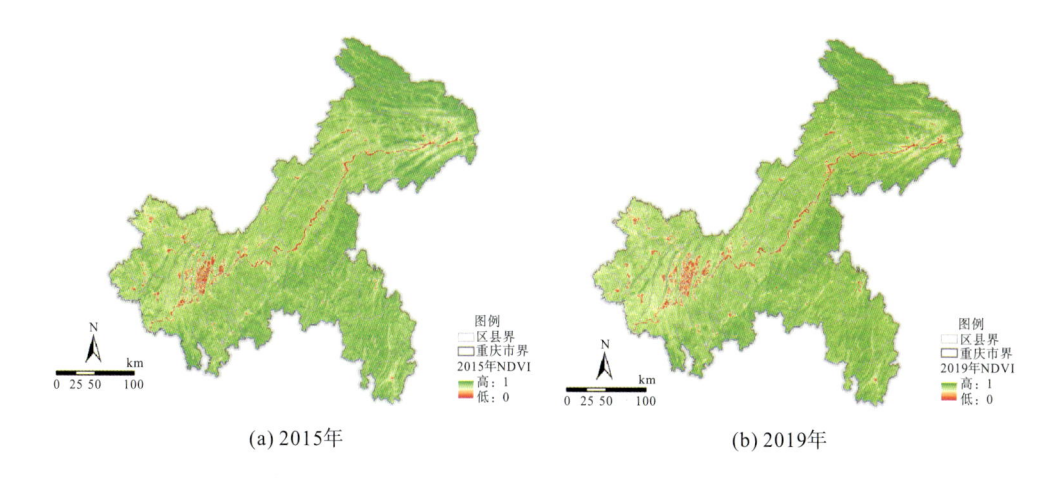

(a) 2015年　　　　(b) 2019年

图 5-15　重庆市年 NDVI 因子空间分布图

3) 夜间灯光指数

夜间灯光数据涵盖了大量综合信息，被广泛应用于人类社会活动监测，在城市化、人口变化、GDP 估算、生态环境等方面发挥着重要作用(图 5-16)。

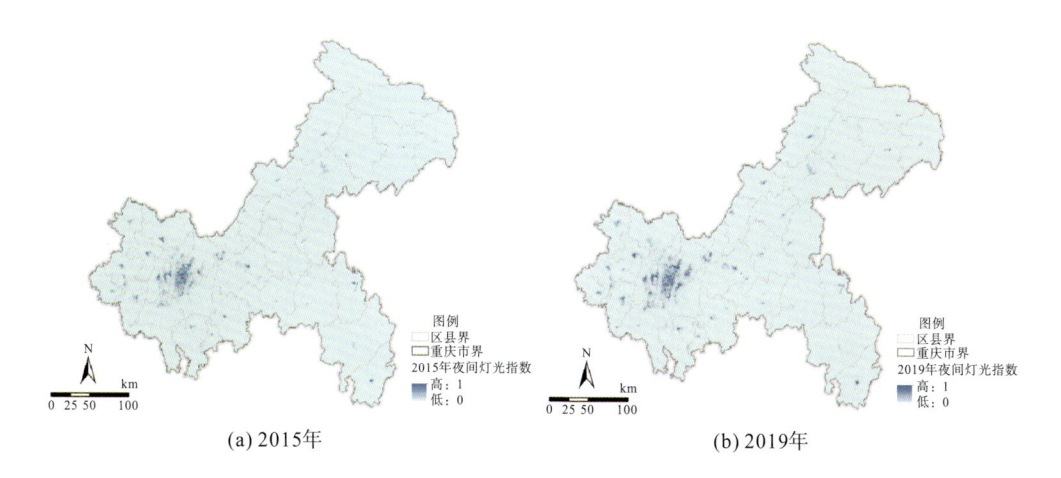

(a) 2015年　　　　(b) 2019年

图 5-16　重庆市夜间灯光指数因子空间分布图

4) 人类干扰指数

干扰是自然界普遍存在的一种现象，其直接影响着生态系统演变过程。土地利用方式和强度是人类活动对生态环境干扰最直接的方式。借助已有研究成果，综合考虑干扰发生的频率、强度、影响面积和影响强度,对地表覆盖类型的人为干扰程度进行分级(表 5-20),生成人为干扰指数因子空间分布图(图 5-17)。

表 5-20　地表覆盖分类及人为干扰度赋值

人为干扰度	地表覆盖类型	相对值
H1(无干扰)	冰川与常年积雪	1
H2(微弱干扰)	乔木林、乔灌混合林、竹林、天然草地	2
H3(轻度干扰)	灌木林、疏林、稀疏灌丛、荒漠与裸露地表、河流、湖泊、海面	3
H4(中度干扰)	绿化林地、人工幼林、牧草地、绿化草地、护坡灌草、其他人工草地、水渠、水库、坑塘	4
H5(重度干扰)	水田、旱地、园地、温室、大棚	5
H6(严重干扰)	水工设施、城墙、沙障、露天采掘场、堆放物、其他人工堆掘地	6
H7(完全干扰)	道路、交通设施、房屋建筑区、硬化地表、固化池、建筑工地、工业设施、其他构筑物	7

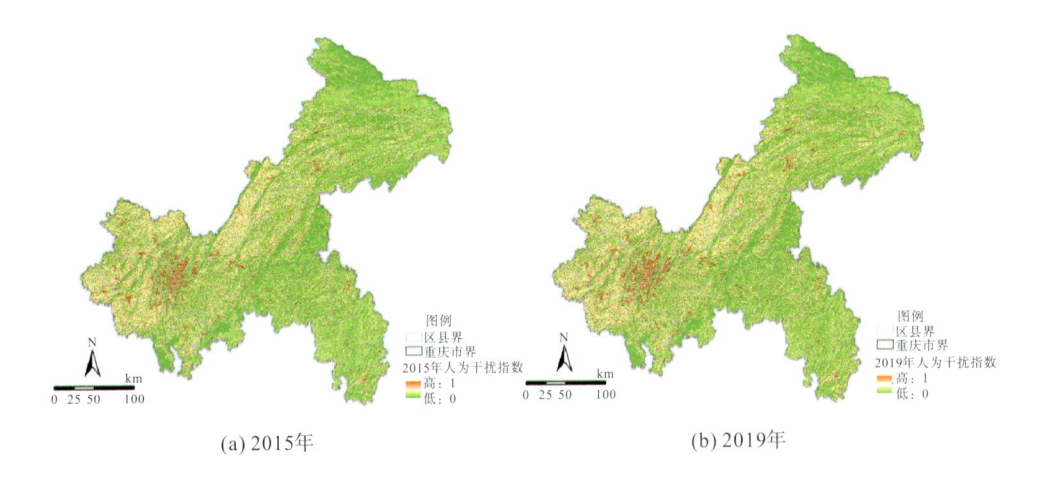

(a) 2015年　　　　　　　　　　　(b) 2019年

图 5-17　重庆市人为干扰指数因子空间分布图

5) 路网密度

重庆是典型的山地城市,大部分区域生态环境脆弱。受地形、地质、气候、水文等自然条件限制,高等级公路所经过地区,不可避免占用和切割土地,破坏土壤表层和植被,影响生物多样性保护。本章以地理国情监测成果为基础,计算道路线密度,定量分析道路对生态环境的影响(图 5-18)。

4. 层次分析法

指标体系中不同指标对评价结果的影响程度高低不一,需采用不同数值予以定量描述,即指标赋权。本章根据实际情况,通过专家打分的方式,采用层次分析法(analytic hierarchy process, AHP)确定不同指标的权重值。AHP 的基本原理是将决策目标涉及的各种指标按照支配关系分组链接成有序的层次结构,低层次的指标以上一层次指标为准则,由专家对同一层次的所有指标进行两两比较,确定每一层次中指标相对于上一层次指标的重要性(即权重),并以此为基础确定最终指标权重。

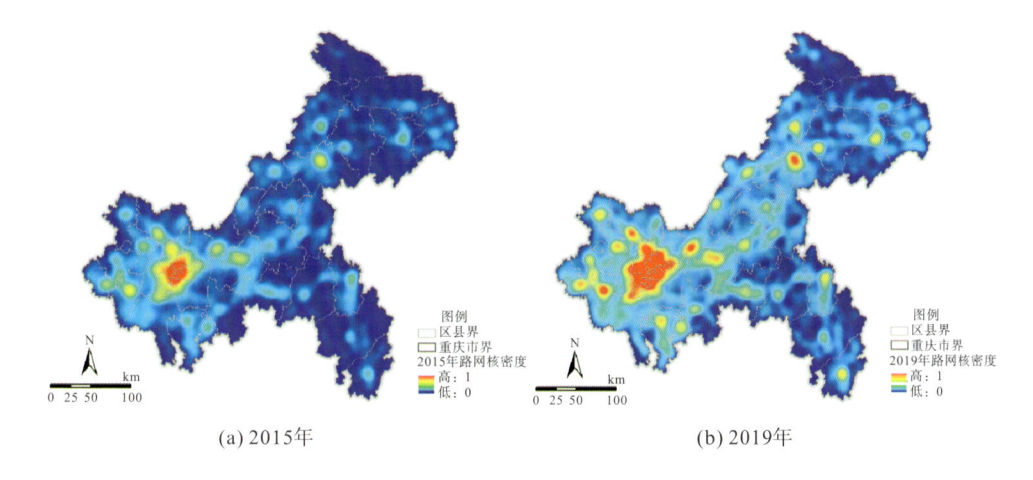

(a) 2015年   (b) 2019年

图 5-18　重庆市路网核密度因子空间分布图

5.3.2　评价结果

1. 总体情况

基于自然因素和人类活动干扰两方面构建生态系统恢复力评价指标体系,2019 年全市生态系统恢复力总体水平较高,恢复力中等及以上的区域总面积为 6.20 万 km²,占全市总面积的 75.28%。恢复力处于低和较低等级区域面积依次为 2791.10km² 和 17580.26km²,占全市总面积的 24.73%(表 5-21)。

表 5-21　2015～2019 年重庆市生态系统恢复力等级

等级	2015 年 面积/km²	占比/%	2019 年 面积/km²	占比/%	变化量 面积/km²	变化率/%
恢复力低	2128.66	2.58	2791.10	3.39	662.44	31.12
恢复力较低	17419.44	21.14	17580.26	21.34	160.82	0.92
恢复力中等	29900.50	36.29	26678.62	32.38	−3221.88	−10.78
恢复力较高	22358.82	27.13	24961.44	30.29	2602.62	11.64
恢复力高	10592.58	12.86	10388.57	12.61	−204.01	−1.93

空间上(图 5-19),全市生态系统恢复力高和较高等级的区域主要分布在开州、云阳以北的大巴山和巫山,中部的七曜山、方斗山沿线海拔较高的区域,渝东南武陵山区以及南部大娄山区生态系统恢复力水平相对较好。该区域山高坡陡,人类活动受限,植被覆盖状况良好,加之雨热充沛,使得生态系统结构和功能保存完好,具备较强的恢复能力。

从变化类型来看(表 5-22),2015~2019 年全市生态系统恢复力改善的区域总面积为 1.81 万 km²,形成四处集中分布区:一是平行岭谷区以北、大巴山以南的开州、梁平和云阳;二是石柱、彭水、黔江交界处的七曜山;三是酉阳、秀山交界处的平阳盖;四是大娄山北侧的綦江、南川、巴南等大部分区域。以上四处生态系统恢复力改善区域,均处海拔相对较高的区域,生态本底条件较好,且人类活动受到一定限制。对比 2015 年、2019 年气候条件,四处区域年降水量增加了 200~400mm,有效促进了植被生长,改善了生态系统服务功能,使得恢复能力进一步提升。

表 5-22 重庆市 2015~2019 年生态系统恢复力等级转移矩阵 (单位:km²)

2015 年	2019 年				
	恢复力低	恢复力较低	恢复力中等	恢复力较高	恢复力高
恢复力低	1677.71	437.52	13.22	0.21	—
恢复力较低	1040.80	10259.21	5461.10	655.96	2.38
恢复力中等	66.60	6257.96	15289.34	8180.84	105.76
恢复力较高	5.68	616.16	5602.80	12913.29	3220.89
恢复力高	0.32	9.41	312.16	3211.14	7059.54

注:生态系统恢复力等级变化 3 个及以上等级,为严重变差;变化 2 个等级,为中等变差;变化 1 个等级为一般变差。

2015~2019 年全市生态系统恢复力变差的区域总面积为 1.71 万 km²。轻度变差 1.61 万 km²,形成四处集中分布区:包括巫山—奉节—云阳集中区、涪陵—丰都—武隆集中区、黔江—酉阳—秀山集中区和大足—铜梁—永川—江津集中区。中度变差 994.92km²,主要分布在巫山、奉节、永川等地。严重变差 15.41km²,主要分布在巫山、武隆、永川和大足等地。经分析,2015~2019 年,在轻度变差、中度变差集中分布区,降水量减少至少 200mm,巫山县城以东年降水量减少量高达 400~800mm,对植被生长极为不利。此外,巫山—奉节—云阳集中区、黔江—酉阳—秀山集中区坡耕地广泛分布,水土流失和石漠化问题交织,严重影响区域生态系统质量,恢复力下降不可避免。大足—铜梁—永川—江津集中区地势平坦,人类活动强度大,范围广,对生态空间有较大干扰,生态系统恢复力受影响明显。武陵—丰都—武陵集中区海拔相对较高,人类活动受限,气候条件是生态系统恢复力下降的主要因素。

生态系统恢复力严重变差区域主导因素是高强度的开发建设活动,例如,位于武隆区仙女山街道的严重变差区为 2016 年开工建设的重庆仙女山机场;位于巫山县西侧的严重变差区为 2015 年开工建设的重庆巫山机场和新增建设用地;位于永川区的严重变差区为三教工业园;位于大足区的严重变差区为万古镇新增建设用地等。

第 6 章 市域生态保护修复问题识别

6.1 市域系统性生态问题

6.1.1 局部地区水土流失与石漠化问题突出，制约区域可持续发展

水土流失问题是生态环境退化的集中体现，其破坏水土资源，造成泥沙淤积，加剧面源污染，影响生态安全，对保护三峡库区、维护三峡工程造成不利影响，制约全市乃至整个长江经济带高质量发展。重庆市改直辖市以来水土流失治理成效斐然，根据水土流失监测数据，全市水土流失面积由1999年的5.20万 km² 减少至2019年的2.54万 km²，减幅约51%。从侵蚀强度分级来看，2012~2019年，中度以上水土流失均呈现持续下降的趋势，尤其剧烈侵蚀，由1700km²减少至62.42km²，减幅96.33%（图6-1）。

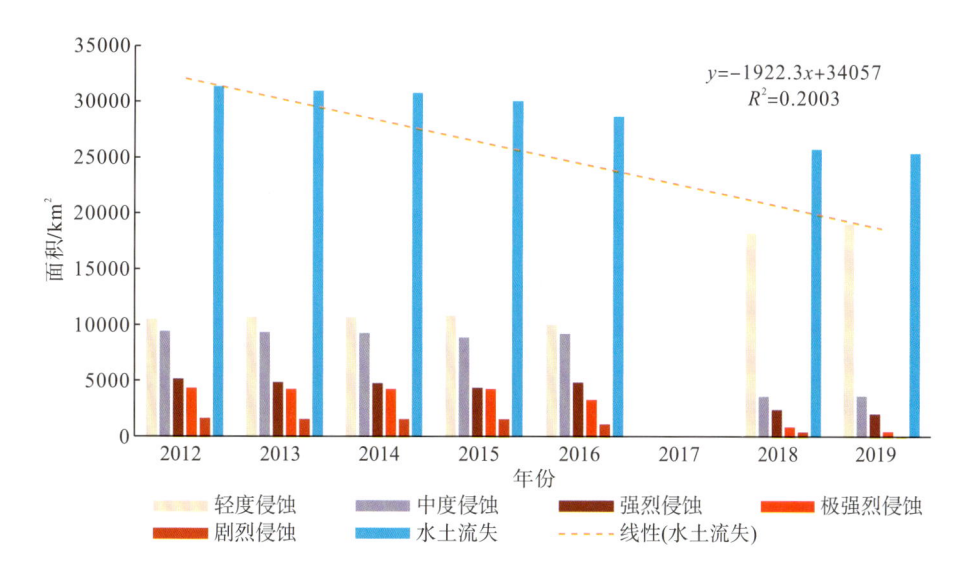

图 6-1 2012~2019年重庆市水土流失面积变化统计

2019年，重庆市水土流失总面积为2.54万 km²，占全市总面积的30.83%，其中，轻度侵蚀面积1.91万 km²，占水土流失面积的75.20%；中度侵蚀面积3668.13km²，占水土流失面积的14.44%；强烈及以上侵蚀面积2652.6km²，占水土流失面积的10.44%。局部地区，如三峡库区及其重要支流，坡耕地、石漠化区域水土流失依然严重。空间上（图6-2），三峡库区水土流失问题最严重，占全市水土流失总面积的62.57%，集中分布于涪陵及以

东平行岭谷区，东段平行岭谷区的万州—巫山段十分严重(图6-3)，其分布与旱坡耕地分布一致，亟须进行有效的生态建设。

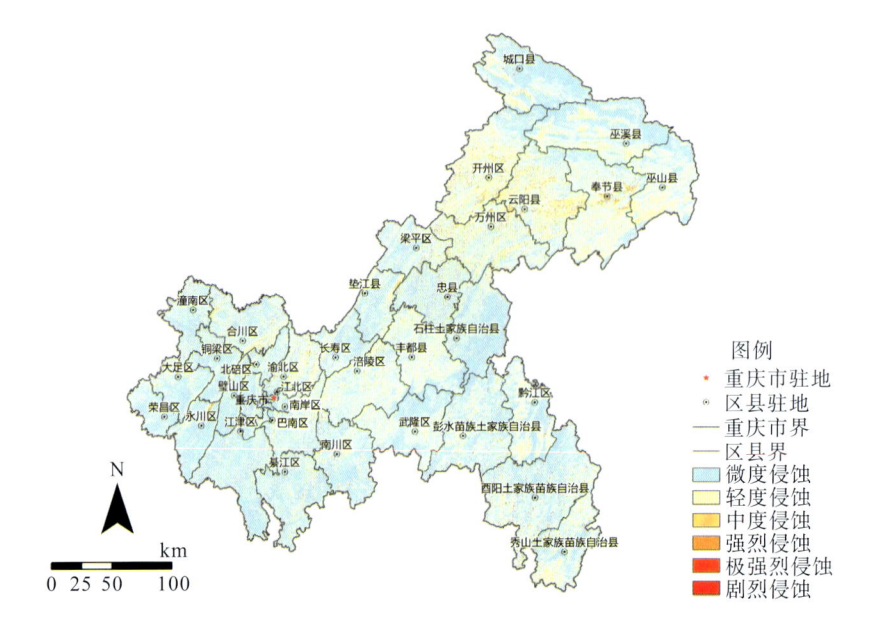

图 6-2　2019 年重庆市水土流失类型分布图

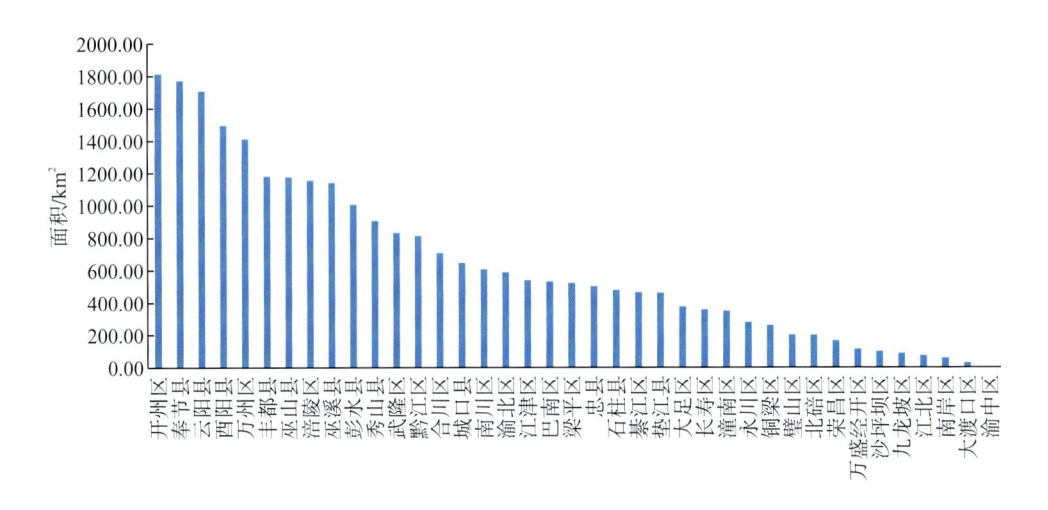

图 6-3　2019 年重庆市各区县水土流失面积统计

全市石漠化土地分布广，强度高，岩溶区土壤侵蚀和养分流失形势严峻。第三次石漠化监测全市岩溶土地总面积 3.27 万 km^2，占全市总面积的 39.7%(图 6-4)。石漠化发生土地约 0.77 万 km^2，占岩溶土地总面积的 23.55%；潜在石漠化土地 0.95 万 km^2，占岩溶土地总面积的 29.05%；非石漠化土地 1.55 万 km^2，占岩溶土地总面积的 47.40%。第三次石漠化监测统计如图 6-5 所示。

第 6 章　市域生态保护修复问题识别

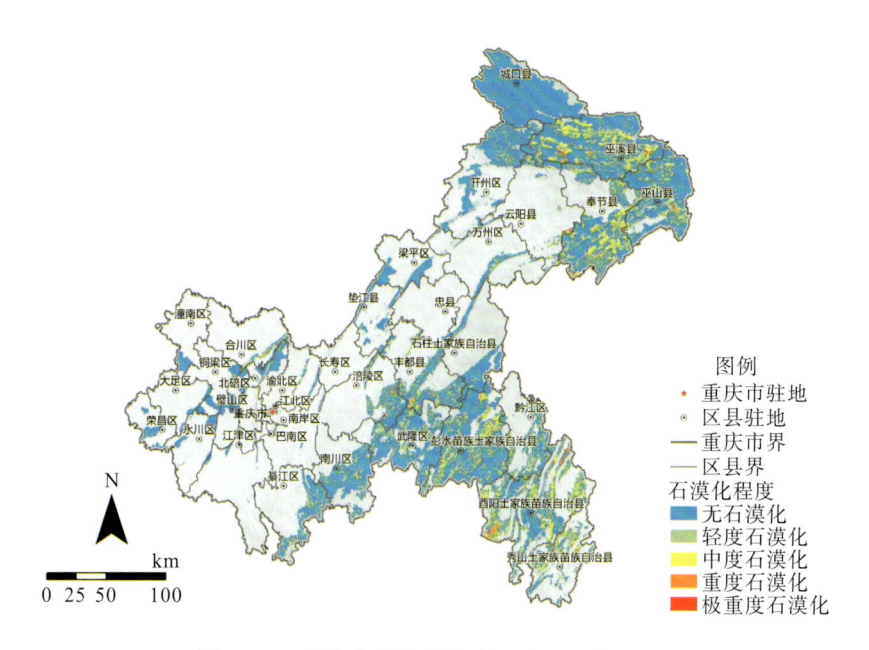

图 6-4　石漠化类型分布图(第三次石漠化监测)

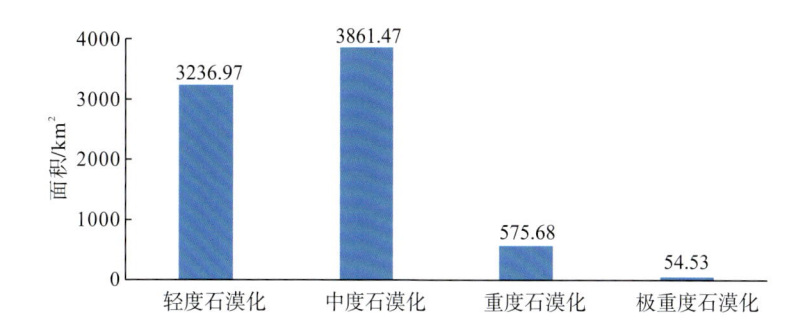

图 6-5　第三次石漠化监测统计

通过各项治理措施，全市治理减少石漠化土地 3.11 万 hm²，整体呈现趋好态势。但在双层水文地质结构和"漏洞效应"影响下，渝东南、渝东北区域石漠化土地发育显著，中度以上石漠化类型总面积达 4060.94km²，全市超过 90%的石漠化土地分布于此。空间上，受地质条件、降水和海拔等影响，石漠化土地主要分布于海拔 500~1200m 和海拔 2500m 以上的区域(表 6-1)，该区域生态环境敏感、脆弱，发育喜钙性、耐瘠性、岩生性和旱生性喀斯特植被，地下生物量比重极高，原生植被一旦被破坏，生态系统可恢复性极低。

石漠化土地植被覆盖率锐减，水源涵养能力削弱，土地资源丧失，土地生产能力下降，导致粮食减产，严重影响当地居民的生产生活。重庆现状石漠化土地主要分布于渝东南、渝东北，两个区域是全市经济相对贫困的地区。由于当地人口压力过大，耕地不足，粮食不能自给，经济收入少，生活贫困，陷入了"越穷越垦、越垦越穷"的恶性循环怪圈。

表 6-1　重庆市各海拔石漠化类型统计表　　　　　　　　（单位：km²）

海拔/m	无石漠化	轻度石漠化	中度石漠化	重度石漠化	极重度石漠化
<200	159.18	5.27	7.19	2.19	0.71
[200,300)	639.15	47.14	49.28	8.64	1.50
[300,400)	1416.01	147.13	158.25	23.01	2.41
[400,500)	1575.26	245.52	272.65	38.77	5.11
[500,600)	1738	279.26	382.47	39.68	5.28
[600,700)	1907.16	270.13	397.75	54.60	5.83
[700,800)	2087.51	272.71	384.64	58.18	5.29
[800,900)	2052.69	275.92	383.01	54.52	4.85
[900,1000)	3361.67	479.28	568.05	95.44	3.43
[1000,1200)	3886.24	505.40	570.58	72.14	4.20
[1200,1500)	3350.6	378.46	288.58	56.68	6.43
[1500,2000)	779.15	66.03	42.34	20.50	2.49
[2000,2500)	14.93	2.16	2.11	1.46	3.84
≥2500	1969.01	262.56	354.57	49.87	3.16
合计	24936.56	3236.97	3861.47	575.68	54.53

6.1.2　地质环境脆弱，地质灾害隐患多、分布广

重庆沉积岩区多且变化大，地质环境脆弱，具有形成滑坡、泥石流、崩塌、地面塌陷等地质灾害的地质条件，是我国地质灾害高易发区之一。据统计，全市地质灾害高易发区1.34万 km²，占全市总面积的 16.26%；地质灾害中易发区面积为 5.4 万 km²，占全市总面积的 65.53%。全市共有地质灾害隐患点 15410 处，且滑坡和崩塌共 13584 处，占比 88.15%，主要有滑坡、崩塌、斜坡、泥石流、地面塌陷、地裂缝等类型，并以滑坡和崩塌为主。空间上，地灾隐患点主要沿长江干流及支流集中分布，特别是集中分布于长江干流沿岸及大宁河、乌江沿岸段，并形成奉节—巫山—巫溪集聚区、丰都—忠县—万州—云阳集聚区和中心城区长江、嘉陵江沿岸集聚区(图 6-6)。

从成灾机制分析，重庆地质灾害频发由自然条件和人为活动共同造成。一方面，重庆属山地城市，山高坡陡，本身极易造成地质灾害。尤其是长江及其支流在汛期流量大、流速快，冲刷力强，岸坡稳定性差。加之降水多集中在 5~9 月，极易引起滑坡、泥石流等灾害。另一方面，用地条件限制。城镇选址多处于河流沿岸，工程建设对山体的切割、破坏植被等行为，极易造成新的地质灾害。

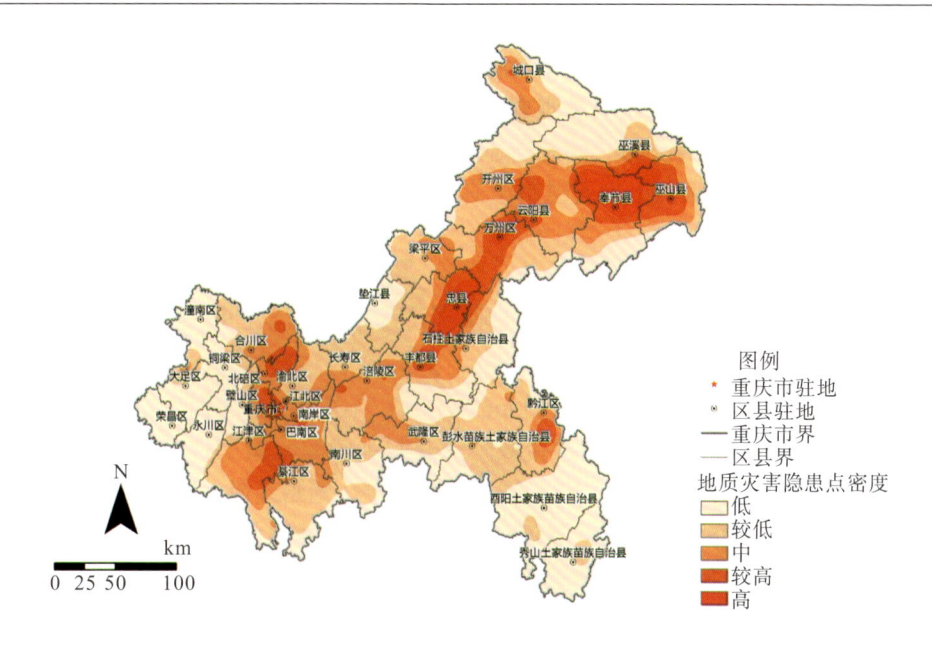

图 6-6　重庆市地质灾害隐患点密度分布图

6.1.3　水资源利用效率不高，水土资源匹配不均衡

重庆是不缺水、不储水地区。2019 年水资源总量 498.09 亿 m³，年降水量 1106.8mm，多年平均过境水资源量 3837 亿 m³，水资源总量全国排序第 17 位。降水年内分配多集中在 5～8 月，约占 70%（图 6-7）；空间上，渝东南、渝东北降水量最大，渝西地区降水量最少，如巫溪高达 1402mm，潼南仅有 970mm，呈现自东向西逐渐减少的趋势。

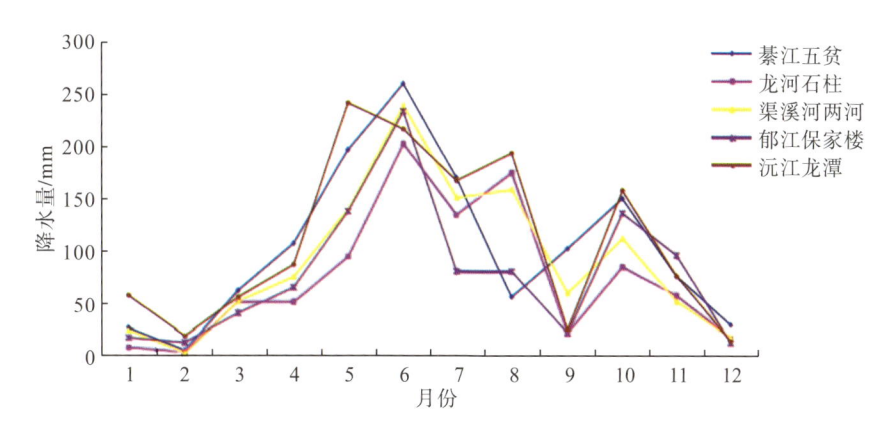

图 6-7　重庆市雨量代表站月降水量图（2019 年）

在地形条件和地质结构双重影响下，全市现状水利工程可供水量 79 亿 m³，仅占当地水资源量的 14%。2017 年全市人均蓄引提水能力约 260m³/人，仅占全国平均水平（430m³/人）的 60%，低于周边的四川（320m³/人）、贵州（270m³/人）、云南（310m³/人），水资源利

表 6-3 消落带分区分乡镇统计

类型	涉及区县	涉及乡镇街道
缓坡区 (小于25°)	万州区	长坪乡、新乡镇、武陵镇、燕山乡、溪口乡、新田镇、黄柏乡
	涪陵区	白涛街道、蔺市街道、石沱镇、义和街道、清溪镇、南沱镇、珍溪镇
	丰都县	湛普镇、高家镇、龙孔镇
	忠县	洋渡镇、复兴镇、涂井乡、石宝镇
	开州区	厚坝镇
	云阳县	巴阳镇、栖霞镇
陡崖区 (大于25°)	万州区	瀼渡镇、甘宁镇、高峰街道、太龙镇、大周镇、小周镇
	涪陵区	武陵山乡、江北街道、百胜镇
	丰都县	虎威镇、名山街道、十直镇
	忠县	任家镇、新生街道、东溪镇
	开州区	渠口镇
	云阳县	凤鸣镇、盘龙街道、普安乡、宝坪镇、故陵镇、新津乡、云阳镇、人和街道、红狮镇、龙洞镇、黄石镇、高阳镇、养鹿镇、渠马镇
	奉节县	康坪乡、朱衣镇、夔门街道、白帝镇、安坪镇、永乐镇
	巫山县	抱龙镇、大溪乡、培石乡、曲尺乡、建平乡、巫峡镇、两坪乡、三溪乡、双龙镇、金坪乡、大昌镇
	石柱县	沿溪镇、黎场乡、西沱镇
城镇区 (区县城)	万州区	龙都街道、百安坝街道、牌楼街道、陈家坝街道、高笋塘街道、太白街道、钟鼓楼街道
	涪陵区	江东街道、龙桥街道、崇义街道、李渡街道、荔枝街道、敦仁街道
	丰都县	三合街道、双路镇、兴义镇
	忠县	乌杨街道、忠州街道、白公街道
	开州区	汉丰街道、正安街道、云枫街道、文峰街道、镇东街道、丰乐街道、白鹤街道
	云阳县	青龙街道、双江街道
	奉节县	鱼复街道、永安街道
	巫山县	高唐街道、龙门街道

6.1.5 生态廊道面临阻断风险与保护压力

长期以来，人类活动对生物多样性造成了多方面的影响，其中最广泛的当属生物栖息地的破坏和景观完整性的割裂。随着城市化进程的加快，城市扩张导致植被、绿地被侵占或者破碎化，由此带来的直接后果就是物种栖息地丧失，生物多样性下降。近年来，生物多样性保护工作逐渐受到重视，研究发现仅仅对重要物种栖息地进行保护是不够的，这种方式虽然保存了部分生境，但客观上人为划定的保护区容易形成一个个单独的生态孤岛，不同栖息地之间的物种群落难以维持正常的物质和能量流通，物种多样性保护的效果有限。因此，生态廊道在物种保持中的作用不能忽视。

目前生态廊道功能和布局单一，彼此分散独立，连通性不足，且城市中的生态廊道建设往往太过重视人的需求，过度建设游憩设施，不仅未能有效保护野生动物，反而对其生态环境带来更大的人为干扰。特别是生态廊道建设过程中，由于土地资源较为紧张，一些道路在规划建设初期没有预留廊道空间，或廊道空间不足，不利于物种保护。同时，城镇扩张不断压缩自然生态空间，中梁山、云雾山、明月山、精华山等自然生态廊道人类活动干扰频繁，保护压力极大。

6.1.6 废弃矿山面积大，易诱发地质灾害，影响生态安全

矿山开采破坏地形地貌景观，出现地表位移、土地压占等地质环境问题，严重减弱了区域生态环境承载力，降低了山体水源涵养能力，加剧了水土流失。据统计，全市现存历史遗留及关闭矿山面积 5980.65hm^2，未治理矿山 2980.19hm^2。

重庆矿产资源丰富，以煤炭和建材矿产为主。煤炭资源勘探、开发历史悠久，根据主要含煤地质时代成煤大地构造单元，主要煤系聚煤特征、构造特征，煤系赋存特征、后期改造、含煤性以及煤炭开发布局区划等标准划分六大煤田，分别为南桐煤田、华蓥山煤田、永荣煤田、渝东煤田、渝东南煤田及渝东北煤田。受地质构造隆升影响，煤矿主要沿背斜山地出露，埋藏较浅，采煤对地质环境影响程度更大，煤矿开采过程中产生采空区，上部岩层在自重应力或外部扰动下，极易产生地面塌陷、地裂缝等，形成采煤沉陷区。全市采煤沉陷区共涉及 19 个区县，主要集中分布于"原五大矿务局"的矿区范围——松藻矿务局(綦江区)、南桐矿务局(万盛经开区)、中梁山矿务局(九龙坡区)、天府矿务局(北碚区、合川区)、永荣矿务局(铜梁区、荣昌区)及主要产煤区县(奉节县、巫山县等)。

此外，露天矿山开采形成大量裸露岩壁、边坡，破坏了矿区生态系统结构和功能，使大地"千疮百孔"，区域生态系统稳定性显著降低，生物栖息地损毁严重。堆弃的松散岩屑因植被损毁，被雨水冲刷，进一步加剧水土流失，诱发滑坡、泥石流等地质灾害。地表径流挟裹大量泥沙，经小流域进入长江、乌江等大江大河，致使泥沙大量淤积，抬高河床，浸没沿岸良田，影响长江流域水生态安全。

6.2　市域生态空间生态问题

6.2.1 森林林种结构单一，且植被退化形势严峻

全市森林面积 4.13 万 km^2，森林覆盖率 50.1%，活立木蓄积量 2.31 亿 m^3，森林资源丰富。根据地理国情监测成果，2019 年全市近 60%的地表覆盖为林地，林地规模大、分布广，且多集中分布于渝东南(29.20%)和渝东北(45.81%)。东北部和东南部的城口县、巫溪县、奉节县、云阳县、开州区、酉阳县、彭水县等区县林地规模较大，为 2.06 万 km^2，

占全市林地总面积的49.88%；渝西地区林地面积为0.97万km², 占比23.49%；中心城区林地规模较小, 不足5%。

全市森林质量不高，近半数为马尾松、柏木纯林，集中连片分布于渝东北、渝东南地区，尤其是七曜山、武陵山、方斗山、精华山、铁峰山等海拔较高山脉之上，广泛分布着大片的马尾松林，林分结构单一、质量不高，森林的防护效益和森林抗逆性处于较低水平(图 6-10)。一旦遭遇松材线虫等病虫害侵袭，将造成大面积森林死亡，威胁生态安全。受人类活动干预，大面积退耕还林、植树造林，但对不同树龄树种的搭配考虑不足，形成大片同龄人造纯林，对森林生态系统的稳定性有极大负面影响。同时，2015~2019年，渝东北地区因干旱、极端高温天气较多，影响植被生长，导致2017年渝东北地区净初级生产力(net primary production，NPP)减少601.88t。从稳定性角度看，2015~2019年全市叶面积指数(leaf area index, LAI)年均变异系数略微上升，波动相对剧烈，抗风险能力降低。

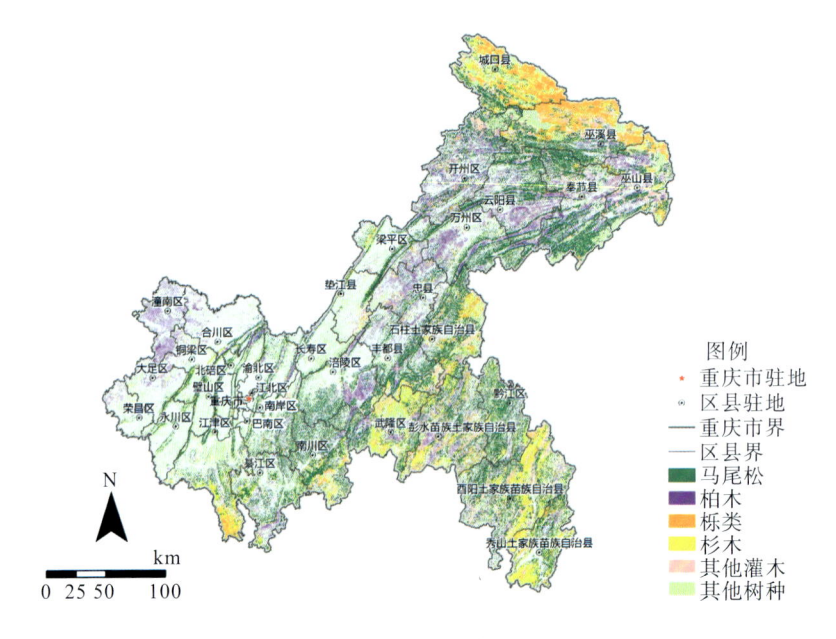

图 6-10 重庆市主要林种分布图

人类活动影响强烈，林草地退化形势严峻。通过对比2015~2019年全市中心城区及区县城等人类活动强度剧烈的区域，林地、草地退化严重，1001.22km²的林地转化为其他地类，其中乔木林地减少最多，达545.25km²，占比54.46%；灌木林地减少336.74km²，占比33.63%；竹林地减少101.00km²，占比10.09%。转化为林地的多为种植土地、人工堆掘地、灌丛草地和道路用地四类，转换面积依次为423.02km²、197.94km²、127.17km²和126.19km²。全市草地总量较少，也呈减少趋势。对比分析，草地总面积由2015年的3904.84km²减少为2019年的3829.74km²，减少了75.1km²。空间上，草地分布零散，受影响的草地主要分布在中心城区及其周边地区。

6.2.2 自然生态系统功能退化和结构退化问题突出

2015～2019 年，全市约 1 万 km^2 的自然生态系统(森林、灌丛、草地等)发生功能退化，并以轻度退化为主。空间上，在降水变化、水土流失、石漠化和人类耕作干扰共同作用下，全市形成 4 处明显的生态系统功能退化区域，分别是渝东北大宁河流域和七曜山部分区域，渝东南乌江流域的武隆、彭水、黔江等区县，中心城区内部及周边区县华蓥山余脉，渝西方山丘陵区的潼南、铜梁、大足等区县。同时，在人类活动强烈干扰下，全市近 2000km^2 的区域发生结构退化，其中，近 600km^2 区域为重度、极重度结构退化，大量自然生态用地被人工用地所替代，如林地转化为耕地、人工堆掘地、道路用地等，生态系统逆行演替趋势明显，生态系统退化形势严峻，结构退化严重区域主要集中在中心城区和主城新区。

6.2.3 生物多样性保护压力大，外来物种入侵威胁生态平衡

优越的地理位置和复杂多变的自然条件，造就了重庆丰富多样的生态系统和复杂古老的生物区系，生物物种众多，特有动植物种类丰富，孕育了生物的多样性(图 6-11)。

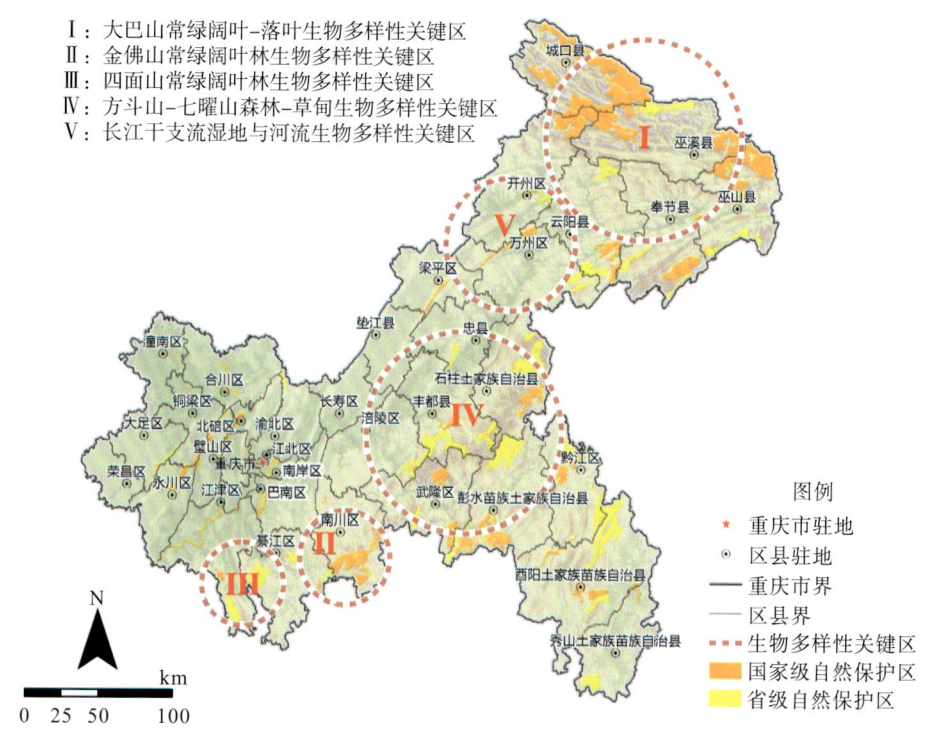

图 6-11　重庆市生物多样性保护关键区[①]

---

① 图片来源：《重庆市生物多样性保护策略与行动计划》。

据统计,全市共有陆生野生维管束植物 5925 种,陆生野生脊椎动物 763 种。已知市内高等植物占我国高等植物种类的 21.1%,兽类占我国兽类种类的 18.8%,鸟类占我国鸟类种类的 29.0%。重庆农耕历史悠久,农业、畜牧、中药、野生动植物等遗传资源丰富。由于资源过度利用,城镇化、大型水利设施、高强度农业生产、保护地管护不力等导致全市生物多样性呈现衰退趋势。在人类活动干扰下,许多物种面临生境消失、生境破碎化与阻断、廊道缺失的风险,致使保护压力不断增大,以林麝、川金丝猴等最为突出。

随着全球经济一体化的迅速发展,频繁的国际贸易和国际旅行等活动成为外来入侵物种传播和扩散的驱动力之一。根据记录,入侵重庆的外来生物有 53 种,占国家已公布明令严控的外来入侵有害生物的 70%,外来物种入侵不仅会危及入侵地的物种生存,还会破坏生态环境,已成为全市威胁生物多样性的重要因素。

6.2.4 水利设施建设干扰水生态过程,影响水系生态安全

水利设施是消除水资源时空分布不均的重要手段,是利用水能的重要方式。水利设施在为人们的生产、生活带来安全和便利的同时,不可避免的会影响原有生态平衡,产生负面影响。对水体而言,拦水坝、水电站等水利设施兴建,在上游形成水库,库内水流变缓,有利于悬浮物沉积和藻类活动,极易诱发水体富营养化,导致水质变差。在水文地质方面,河道水库蓄水后,导致泥沙大量淤积,打破了河道水-沙平衡,影响河流生态。蓄水后,水体压力变大,可能诱发地震、崩塌、滑坡等地质灾害。据统计,全市共有拦水坝 3880 座,近 60%分布于渝西地区,水闸 59 座,超过 50%分布于渝西地区。拦水坝等水利设施的兴建,改变了原有河流生态,鱼类迁徙被阻隔,直接威胁生物多样性。

6.2.5 库区季节性蓄水回水,长江水质安全保护面临压力

全市所有区县城均呈现滨水布局特征,同时部分化工企业也沿江分布,生活和生产废物会影响长江水质安全。全市位于长江、嘉陵江、乌江三大河流的城市接近一半。除中心城区外有临长江城市 9 个(江津、长寿、涪陵、丰都、万州、忠县、云阳、奉节、巫山),嘉陵江畔城市 1 个(合川),乌江边 2 个(武隆、彭水)。除梁平、垫江外,其余所有城市均靠近大型河流(流域面积大于 1000km²),但梁平、垫江仍有河流穿城而过(梁平城区河流为一干渠、垫江城区河流为桂溪河)。

截至 2018 年,在长江、嘉陵江、乌江干流沿岸 1km 范围内有 25 家规模以上化工企业,长江、嘉陵江、乌江干流已设置入河排污口 142 处。2018 年,大渡口、九龙坡、渝中、江北、巴南、涪陵、万州、巫山、云阳、丰都、忠县、奉节等 13 个区县污染物排放量超出限值,尤其涪陵区 5 个二级区氨氮排放超限 11t/a。此外,万州区化学需氧量(chemical oxygen demand,COD)排放超限 67t/a,氨氮排放超限 6t/a。

库区及上游周边耕地分布广,农业生产过程中使用了大量的农药和化肥。然而,农作物对氮肥的利用率一般为 20%~35%,对磷肥的利用率当季仅 5%~25%,农药利用率一

般为10%，剩余部分通过地表径流等途径进入库区，导致水体富营养化。当库区蓄水后，长江干流及其支流水体水位上升，回水区的水流、日照、营养盐等具备了水体富营养化发生的基本条件。随着城市化进程加快，流入水体的污染物总量和浓度增加，而静态水体极不利于污染物扩散，河流自净能力降低，导致水体水质下降，藻类由于营养物质丰富更容易滋长。2019年，库区36条一级支流72个断面中，75%断面呈中营养化，25%断面呈富营养化，库区支流回水区域出现不同程度的"水华"现象。

6.3 市域城镇空间生态问题

6.3.1 城市热岛效应显著，城市宜居品质不高

特殊的地理位置和地形地貌是导致重庆夏季炎热难耐的主要因素。随着城市化进程加剧，城市热岛效应更是让重庆"热上加热"，大大降低了城市宜居品质。据统计，2012～2019年全市户籍人口年均增长超10万人，并逐渐向中心城区、区县城集聚。城市人口大量增加，生活空间、生产空间需求增大，对生态格局的直接影响是建设用地侵占生态空间成为常态。生态空间减少导致其对城市气候、环境的调节能力减弱，城市热岛效应随之增强，城市宜居品质下降。因此，要提升城市宜居品质，治理减缓城市热岛，必须加强城市绿地、水体保护修复，恢复自然生态的调节能力。

6.3.2 蓝绿设施连通不畅，制约生物多样性保护

城市中的水体、绿地是城市化进程持续发展的关键，同时也是急需保护的自然资源。重庆的城市格局与山水资源息息相关，所有区县城、中心城区都是邻水而建，山、水是塑造城市的重要推动力量。

在中心城区，"两江"自东向西穿城而过，为城市空间带来"水汽"，带走"热量"。"四山"由南向北切入城市，是中心城区天然的"绿肺"，对城市生态稳定发挥着重要作用。由于历史城市建设缺乏系统性、整体性考虑，对生态用地布局思考深度不够，导致现状城市蓝绿基础设施多呈点状分布，如照母山森林公园、九曲河湿地公园、园博园、中央公园、彩云湖湿地公园等，被城市建设、道路切断连接，如园博园与照母山森林公园被金州大道切断，导致空间上与"四山"缺乏有机联系。同时，由于城市河流岸线被侵占、压盖，城市中的水体，如照母山人和水库、长田沟水库、金山蔡家沟水库、回兴苟坝水库、大竹林战斗水库等，均与"两江"连接中断(图6-12)。

"四山""两江"作为重要的生态廊道，受人类活动干扰，人工景观斑块逐渐增多，尤其是"四山"违法建设积重难返，区域内不可再生的珍稀动植物资源不断减少，生物多样性维护、水源涵养等生态功能受到影响。

充分挖掘乡村生态、景观、资源等特点，盲目跟风开展农业生产，导致乡村本土特色和自然属性缺失或破坏，田园景观单一。建筑形式方面，很多乡村呈现雷同、套路化、形式化，失去了归属感和认同感，导致千村一面。同时，也造成乡村没有足够的竞争力，乡村振兴难度很大。③乡土文化开发利用不足。重庆乡土资源形态多样，内容丰富，但是由于缺乏产业化意识，一些优秀的民间手工艺、民间曲艺、民风民俗(如黔江角角调、江津楹联、万盛苗族踩山会等)还处于自娱自乐阶段，缺乏对乡土文化内涵的开发。

第 7 章　市域生态保护修复分区

7.1　市域生态保护修复分区策略

7.1.1　分区原则

1. 生态保护与修复需求突出

生态环境保护是彻底解决生态环境问题的治本之策，通过生态系统保护修复综合评价和分析，识别生态服务价值和敏感性高的区域，为生态环境保护提供导向和目标。同时找准生态退化重点区域，整治突出环境问题，实现可持续、高质量发展。

2. 落实上位规划，开展分区协调

严格落实《全国生态功能区划》《全国重要生态系统保护和修复重大工程总体规划(2021—2035 年)》《长江经济带国土空间规划(2020—2035 年)》等上位规划对全市的功能定位，指导全市生态保护修复分区划定，统筹协调自然、人工单元布局。

3. 尊重自然地理单元，维护生态系统完整性、系统性

参照《重庆市生态功能区划》《重庆市重点生态功能区保护和建设规划(2011—2030 年)》和《重庆市重要生态系统保护和修复重大工程总体规划(2021—2035 年)》的功能布局，结合自然保护地、生态保护红线成果，保障生态系统完整性、系统性。以自然山水格局和流域单元为基础，保证各分区相对独立，生态功能相对完善。

4. 自上而下区内差异最小

通过生态系统类型识别和生态本底梳理，识别生态系统结构和功能差异最小的区域，划定生态保护修复分区。

7.1.2　分区方法

从生态系统整体性保护、系统性修复角度出发，以本底分析基础调查、基础评价成果为基础，采用 GIS 空间叠加技术，按照生态保护、生态修复功能定位，集成专家知识，划分生态保护修复分区界线。

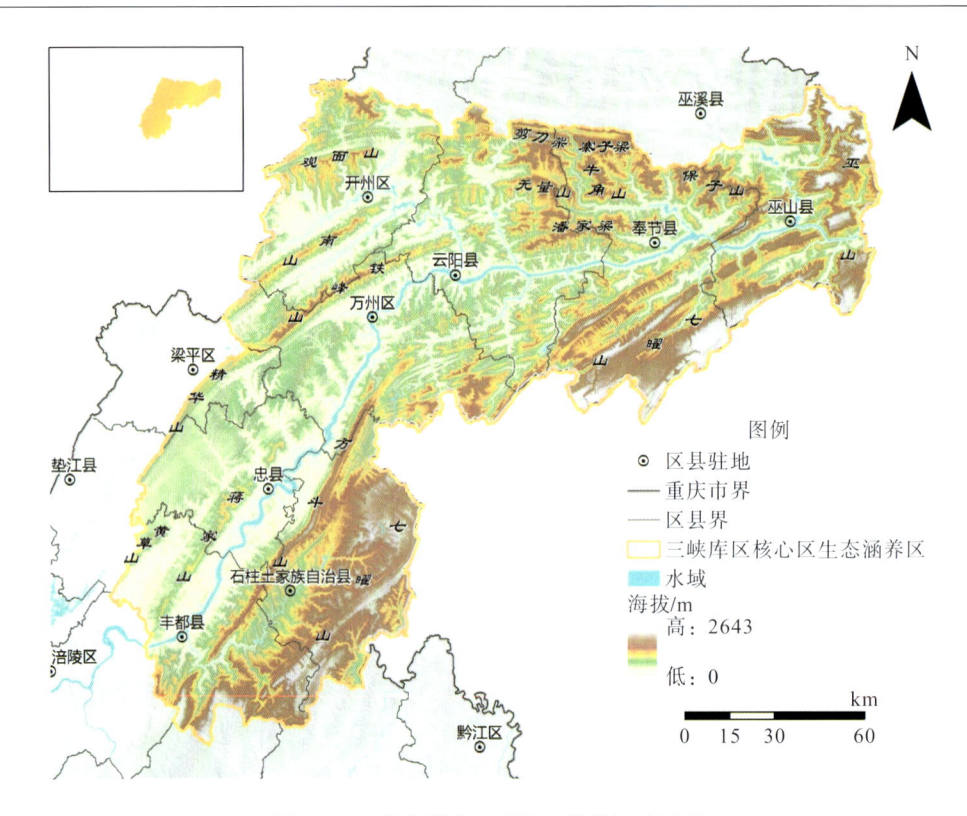

图 7-2 三峡库区核心区生态涵养区地形图

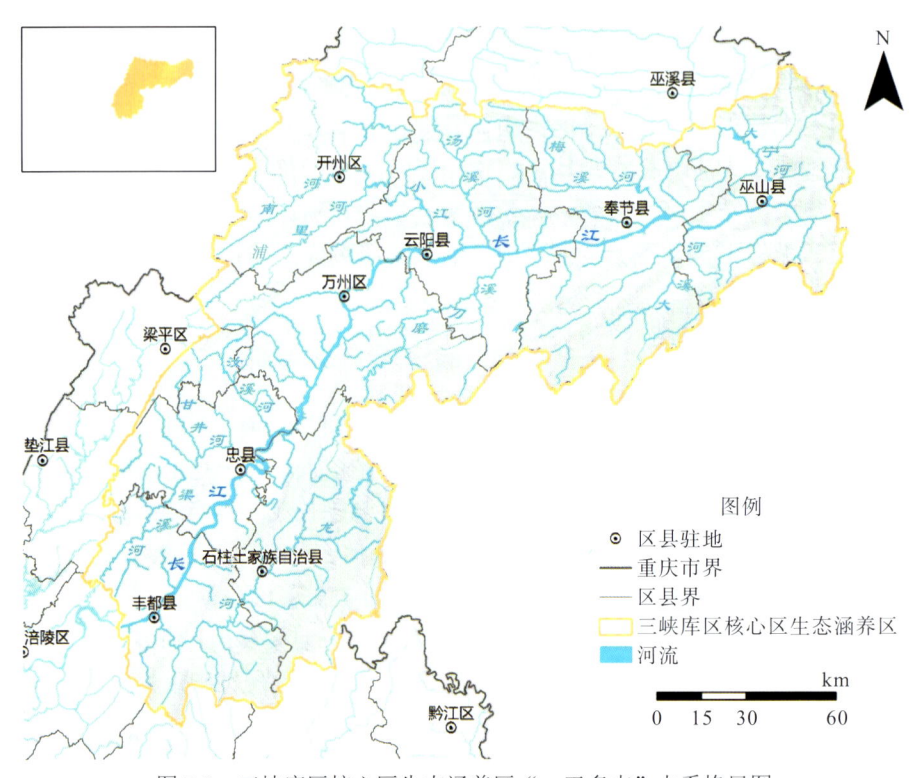

图 7-3 三峡库区核心区生态涵养区"一干多支"水系格局图

3. 森林、灌丛生态系统分布较广，动植物资源丰富

区内森林、灌丛生态系统占有巨大空间优势，占比超过60%。据统计，森林生态系统总面积为1.12万km^2，占比43.62%；灌丛生态系统总面积为4514.05km^2，占比17.58%。草地、湿地和其他生态系统规模较小，共1794.84km^2，占比不足7%。

空间上(图7-4)，森林主要分布于长江河谷两侧的山地区域，尤其海拔500m以上区域，分布有近80%的森林，超过70%的灌丛，二者交错分布。森林分布垂直带谱特征明显，随着海拔的不断升高，阔叶林规模逐渐减小，并在海拔400～500m分布最多；针叶林规模不断扩大，并在海拔1000～1200m达到峰值。湿地则主要分布于长江河谷，多为河流湿地。农田主要分布于海拔700m以下区域，多为耕地，园地分布较少。城镇主要分布于海拔300m以下区域，多为区县城所在地，均滨江分布。

根据生物多样性丰度评估成果，巫山、奉节、石柱等区县生物多样性最为丰富，保存着许多珍稀濒危树种和特有植物，其中，列入国家重点保护物种有24种，如银杉、珙桐、红豆杉等。2002年在开州区发现的中国特有植物——崖柏，属世界级濒危物种。在动物地理区划中，该区域属东洋界华中区的西部高原亚区，动物种类繁多，区内分布有国家Ⅰ级保护动物金丝猴、豹、云豹、金雕、林麝、小灵猫、金猫、白冠长尾雉8种，Ⅱ级保护动物猕猴、黑熊、鬣羚、斑羚、豺、青鼬、水獭、大灵猫、藏原羚、白尾鹞、游隼、红隼、红腹角雉、勺鸡、红腹锦鸡、红翅绿鸠等31种，还有市级保护动物24种。

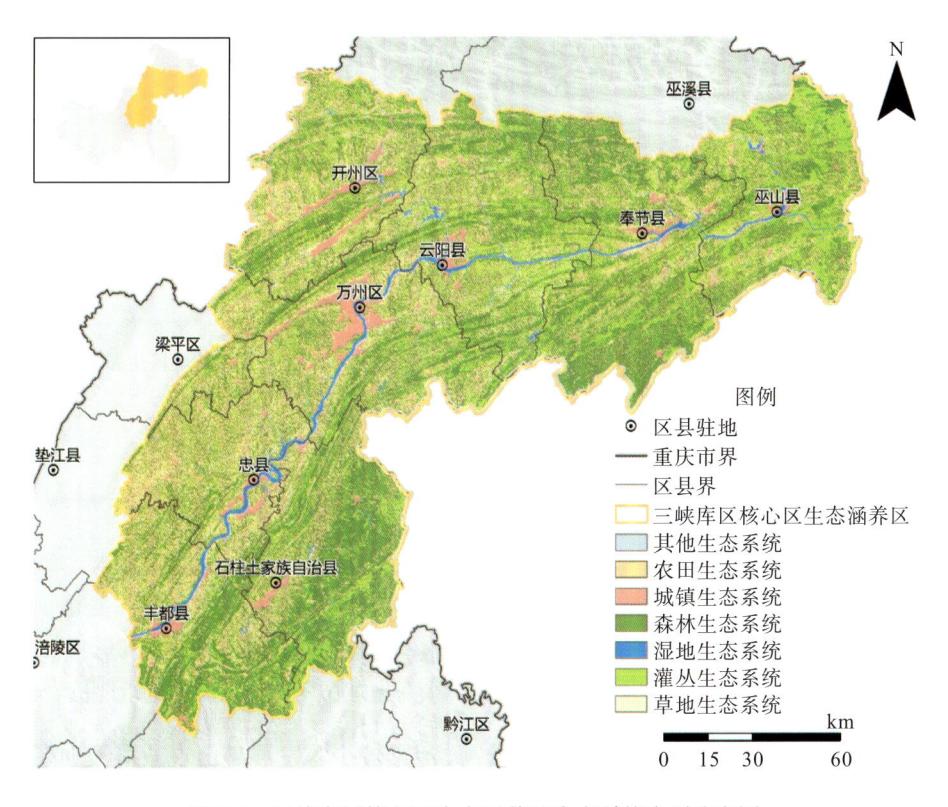

图7-4 三峡库区核心区生态涵养区生态系统类型分布图

表 7-2 三峡库区核心区生态涵养区河流不同范围内区县城建设用地情况统计（单位：km²）

区县名称	50m 以内	50～100m	100～200m	200～1000m	1000m 以外
万州区	1.51	1.10	2.44	15.80	40.67
开州区	2.48	1.73	3.29	13.51	2.12
丰都县	0.89	0.55	1.37	8.48	3.06
忠县	0.54	0.42	0.91	5.24	2.26
云阳县	1.63	1.01	1.70	7.82	5.67
奉节县	0.47	0.45	0.75	2.60	3
巫山县	0.58	0.47	0.97	4.70	2.45
石柱县	0.41	0.49	0.96	4.72	0.48
合计	8.51	6.22	12.39	62.87	59.71

(a) 开州区　　　　　　　　　　　　(b) 巫山县

图 7-7 区县城市建设用地沿江布局示意图

7.2.2　主要生态问题

1. 自然生态系统局部退化，土壤保持和生物多样性维护功能下降

在"自然-人工"二元干扰下，大宁河流域和七曜山部分区域，受到水土流失、石漠化和人类活动干扰，发生中度、轻度退化，自然生态系统出现破碎化，面积减少，使得森林质量降低，生产能力下降，土壤保持、涵养水源等功能被削弱，主要包括巫山县的双龙镇、大昌镇、建平乡、抱龙镇、铜鼓镇、官渡镇等地；奉节县的草堂镇、康乐镇、平安乡，长江南岸的兴隆镇、吐祥镇、甲高镇等地；云阳县的泥溪镇、清水土家族乡，石柱的马武镇等地；丰都县的包鸾镇、仙女湖镇和涪陵的武陵山乡等地。

2. 三峡库区水土流失形势严峻，局部地区石漠化、水土流失相互交织，威胁长江总体安全

根据 2019 年水土流失监测成果，三峡库区是全市水土流失最严重的区域，62.57%的水土流失分布于此，水土流失治理刻不容缓。区内除石柱县水土流失分布较少外，其他区域均有不同程度的水土流失，尤其万州-开州-云阳水土流失分布广，强度大，中度以上水土流失面积 1838.22km²，占全区中度以上水土流失的 56.06%；区内奉节县水土流失规模最大，为 1857.69km²，除长江沿岸、太和土家族乡，以及甲高镇、青龙镇、吐祥镇交界处外，均为轻度侵蚀，全县中度以上水土流失 263.01km²，占比不足 15%。此外，忠县乌杨街道，万州区龙都街道、双河口街道、高峰街道、天城街道，开州区渠口镇，云阳县双江街道、青龙街道，奉节县永安街道，巫山县龙门街道等地分布有较大规模的剧烈侵蚀，亟须加以治理修复（图 7-8）。

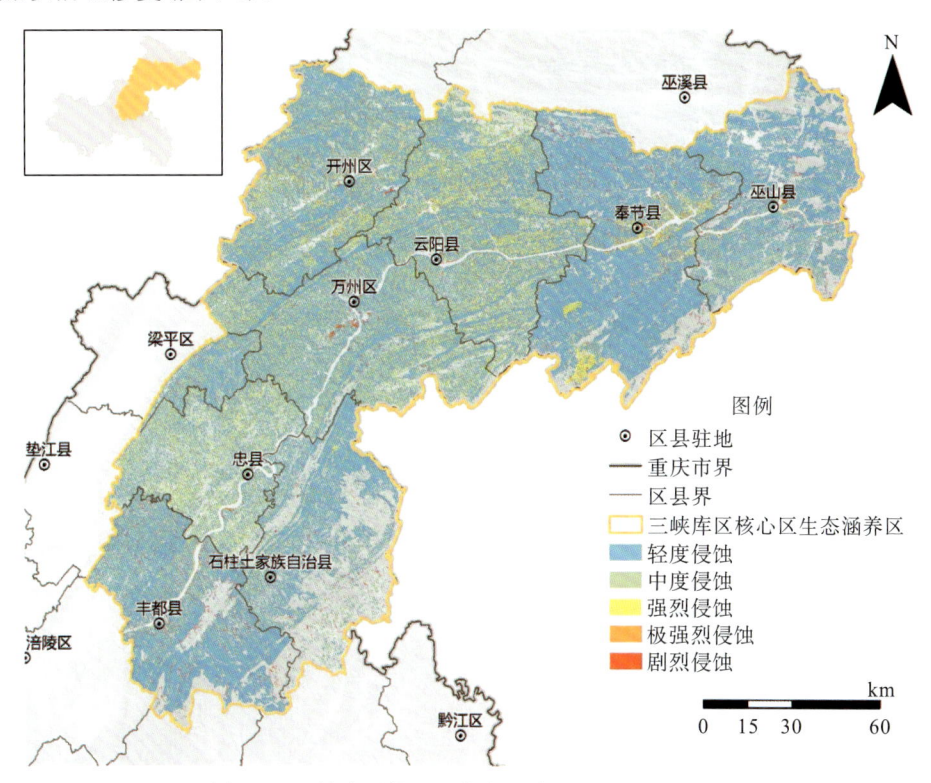

图 7-8　三峡库区核心区生态涵养区水土流失分布图

根据第三次石漠化监测成果，全区石漠化土地总面积为 2502.23km²，占比 9.74%。区内石漠化发育形成以奉节、巫山县为核心的石漠化区域，该处为区内石漠化最集中的区域，分布有 73.18%的石漠化土地，中度以上石漠化土地主要分布于奉节县的云雾土家族乡、兴隆镇、安坪镇、青龙镇、鹤峰乡、永乐镇，巫山县的两坪乡、巫峡镇、大昌镇，云阳县的故陵镇等地，以及丰都县的仙女湖镇、南天湖镇，涪陵区的焦石镇、白涛街道等地（图 7-9）。

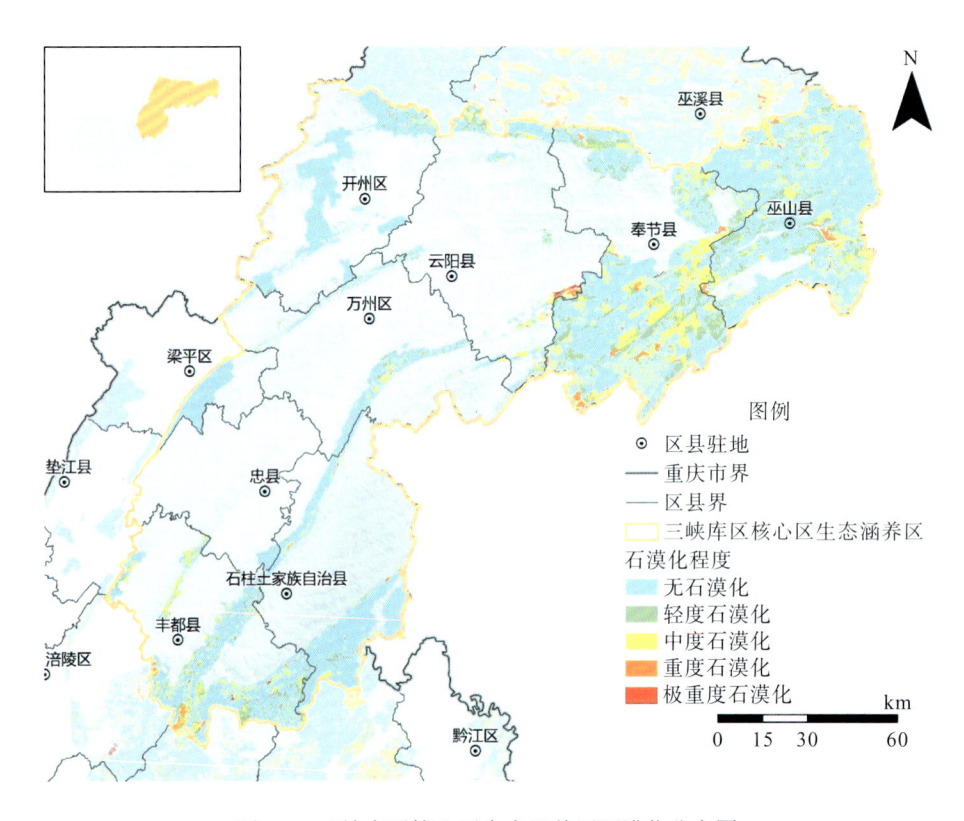

图 7-9　三峡库区核心区生态涵养区石漠化分布图

此外，巫山县和奉节县的石漠化区与水土流失空间重叠度较高，二者相互交织影响，如不加以控制，极易恶化，将会对三峡库区生态环境造成更恶劣的影响。

3. 地质灾害高发、易发，保护治理需求突出

区内地质灾害高发、易发，尤其长江干流沿岸、大宁河、梅溪河沿岸、三峡库区消落带周边，地质灾害隐患点分布密集，高易发区分布广泛。受自然地理条件影响，区内山高坡陡，雨水冲刷剧烈，加之长江流量大、流速快，岸坡稳定性差，极易引发滑坡、泥石流等自然灾害。同时，城镇沿江布局，工程建设切割山体、破坏植被等问题也是地质灾害发生的重要原因。根据统计，2019 年区内地质灾害高易发区总面积为 8927.70km²，占比 34.77%。地质灾害隐患点 7048 处，并以滑坡(6043 处)为主，崩塌和斜坡也有一定分布，分别为 501 处和 358 处。地质灾害在区内形成多处高发区域：一是忠县长江两岸的乡镇，并以忠州街道、白公街道、东溪镇、复兴镇为核心；二是万州区两江两岸，以陈家坝街道、钟鼓楼街道、高笋塘街道为核心；三是奉节县梅溪河沿岸，以夔门街道、康乐镇、青莲镇为核心；其他如巫山大宁河沿岸也分布有较多的地质灾害隐患点，见图 7-10。

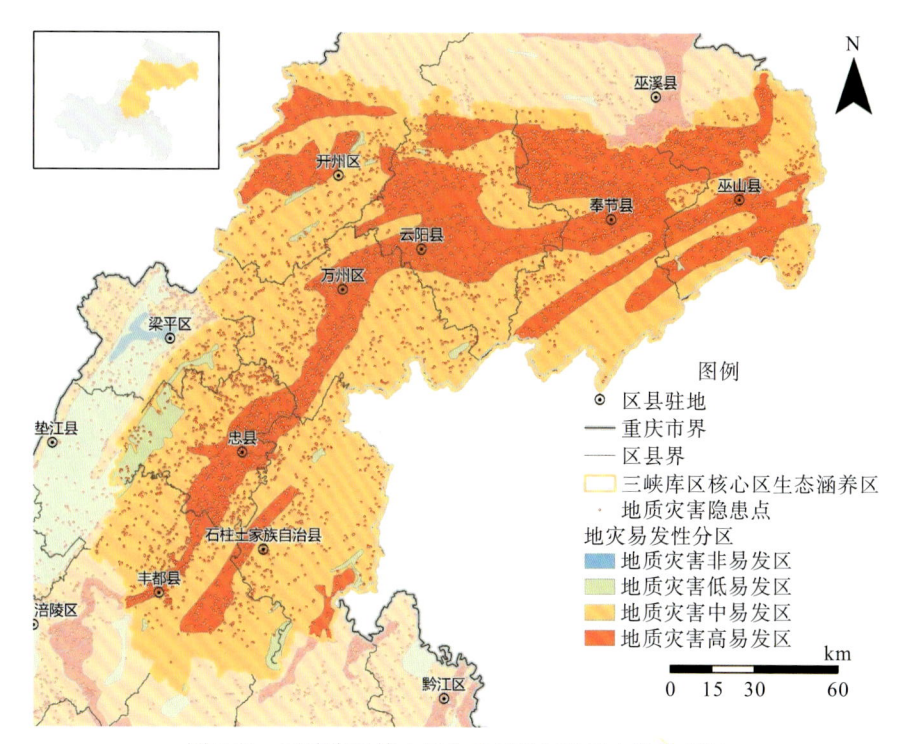

图 7-10 三峡库区核心区生态涵养区地质灾害分布图

此外，在三峡库区消落带附近，地质灾害隐患点多、面广，主要是受水位季节性涨落影响，陡坡地带泥沙被反复冲刷，土壤侵蚀现象严重，导致陡坡地带基岩裸露，造成巨大地质灾害隐患。

4. 消落带分布广，生态问题突出

三峡库区水位每年都在 145～175m 间变化，形成落差达 30m 的消落带。水位的季节性涨落，消落带陡坡地带泥沙被反复冲刷，水土流失现象严重，导致陡坡地带基岩裸露，缓平地带泥沙淤积，显著改变了消落带生态环境和地理景观。污染物阻滞积累转化和再融入水，以及不耐水植物在蓄水期长期水淹，腐烂于水中，造成严重的内源污染，对库区水质的影响不容忽视。消落带退水后无序种植，植被反复干扰，加剧了治理难度。

根据统计，三峡水库消落带 284.65km²，岸线长 5425.93km，其中区内消落带涉及 8 个区县，面积 244.42km²（占比 85.87%），消落带分布较广，治理难度大，对生态环境具有极大负面影响。

5. 森林资源丰富，但树种结构单一，影响森林生态系统稳定性

区内森林资源总量丰富，43.49% 的区域为森林生态系统所覆盖。从树种来看（表7-3），区内 36.83% 树种为马尾松林，森林生态系统多样性不高，且极易遭受松材线虫侵害。同时，幼林、中林比重大，低质低效林比重有扩大趋势，森林质量不高。此外，有零星桉树分布，面积为 58.81km²，对周边地下水和地表水的抽取较大，不利于水源涵养和生物多样性维育。

表 7-3　三峡库区核心区生态涵养区树种类型统计

树种	面积/km²	占比/%
马尾松	6005.607	36.83
柏木	3026.447	18.56
灌木	1854.025	11.37
栎木	738.6749	4.53
杉木	265.7925	1.63
竹类	437.0086	2.68
经济树种	1870.331	11.47
其他树种	2111.665	12.95

空间上，马尾松林主要分布于七曜山奉节段的兴隆镇、太和土家族乡、吐祥镇、甲高镇、云阳段的蔈草镇、泥溪镇，如大巴山南缘的巫山段的建平乡、铜鼓镇、官渡镇，奉节段的竹园镇、青莲镇、云阳段的桑坪镇、鱼泉镇、云阳镇，铁峰山沿线的云阳县的黄石镇、平安镇，万州区的铁峰乡、后山镇，方斗山沿线的丰都包鸾镇、双路镇、高家镇、石柱的万朝镇、沿溪镇，以及七曜山石柱西侧的中益乡、沙子镇、六塘乡，丰都县的武平镇、暨龙镇、南天湖镇等地。

6. 耕地立地条件差，且后备资源稀缺

三峡库区地势高低起伏大，坡度陡，耕地立地条件差，加之库区雨量多、强度大的特点，极易形成高山洪水，造成水土流失。大规模的水土流失严重影响了农业生产力，造成库区耕地土壤流失量大、质地粗化、肥力下降、农业利用价值低。据统计，由于水土流失，三峡库区土壤中每年损失的氮、磷、钾纯量达 410 万 t，相当于 44.5 亿元的经济损失。库区耕地长期"大出血"使本就十分有限的耕地资源质量不断退化，耕地承载力不断下降，严重威胁着库区人民的生存和发展。同时，耕地后备资源稀缺，耕地占补平衡难度大。三峡库区所在的长江上游地区是全国坡耕地最为集中的片区之一，15°、25°以上耕地占全区半数以上，还未实现应退尽退。农村居民点用地缺少必要的用地退出机制，用地闲置、低效现象突出，乡村房屋建新不拆旧，村庄空心化程度不断加剧，造成严重的土地资源浪费问题。

7. 面源污染风险较大，威胁长江水生态安全

三峡库区以长江河谷为中心，海拔、坡度、起伏度等向两侧逐渐升高，形成"V"字形地形，两侧多条长江一级支流天然地将两岸的泥沙、污染物等物质向长江汇聚，顺流而下直入东海。长江河谷两侧，尤其西侧的万州、忠县、丰都等区县坡耕地分布广泛，加上全市农药、化肥施用量一直处于较高水平，库区面源污染风险较大。三峡库区蓄水后，长江流速下降，极不利于污染物扩散。每年回水区因水流、日照、营养盐等物质条件具备水体富营养化发生的基本条件，导致库区 36 条一级支流 72 个断面中，75%断面呈中营养化，25%断面呈富营养化，被污染的水流进入长江，威胁整个库区的水质安全。

8. 城镇沿江岸布局，存在污染和安全隐患

现有城镇大多沿长江沿岸建设，人口分布密集，人类生产和生活污染易造成水体富营养化，影响水生态安全。同时丰水季节容易发生洪涝灾害，影响居民正常生活秩序。加之长江沿岸原生地质环境脆弱，在强暴雨冲蚀及侵蚀作用下，极易引发崩塌、滑坡等地质灾害，威胁人民的生命和财产安全。

由于交通运输便利，便于货物的集散和城市人口的运输流动，许多工业园区也沿江分布。据统计，区内现有工业园区9处，包括国家级1处，市级8处，均沿长江、小江、龙河等大型水体布设，侵占自然岸线，威胁河流的水质安全，对亲水环境造成影响。尤其三峡库区分布于此，需进一步加强区内污染物排放监管，保护库区水质安全。

7.2.3 重点区域识别

三峡库区作为全国战略性淡水资源库，肩负筑牢长江上游重要生态屏障的重大使命。受三峡工程蓄水影响，水体自净能力减弱，水环境容量降低，工业污染源废水排放量和面源污染逐年递增，因此立足库区水源涵养、生物多样性保护、土壤保持等重要生态功能，综合考虑水土流失和石漠化、地质灾害隐患、森林树种单一、生态系统恢复力低等主要的生态问题，共划定三峡库区核心区生态涵养区4个重点区域(图7-11)，包括长江千里林带建设重点区、三峡库区山水林田湖草生态保护修复重点区、巫山-七曜山水土保持综合治理重点区、方斗山-七曜山生物多样性保护重点区。

1. 长江千里林带建设重点区

长江千里林带建设重点区位于三峡库区核心区生态涵养区核心地带，主要分布在长江两岸，涉及丰都、忠县、石柱、万州、云阳、奉节、巫山7个区县，74个乡镇。本区域以长江流域为核心，贯穿南北，具有很好的土壤保持、水环境净化、洪水调蓄、生物多样性保护等生态功能，承担着保护长江流域生态环境，巩固一江碧水、两岸青山美景永存的使命。本区需重点加强农业面源污染治理，改善长江流域生态环境，恢复水车前、竹叶眼子菜、粗梗水蕨等水生植物的净化作用，提升水环境净化等调节服务价值。同时，加强消落带综合治理，恢复消落带污染物隔离、降解、水土保持等功能，发挥消落带廊道、过滤器、屏障等生态作用，从而达到净化陆域集水区面源污染、稳定库岸、防治水土流失、提供生物生境、美化景观、维持水陆界面生态系统动态平衡，以及提高水源涵养和土壤保持等调节服务价值的目的。

2. 三峡库区山水林田湖草生态保护修复重点区

三峡库区山水林田湖草生态保护修复重点区地处三峡库区核心区生态涵养区中心地带，涉及万州、忠县、石柱、巫山、云阳、开州、奉节7个区县，88个乡镇。本区消落区生态系统退化、水土流失和石漠化、矿山生态环境破坏、森林结构单一等生态问题突出，本区域以长江为主脉，次级河流为支脉，两岸山体为屏障，生态修复需结合区域生态系统

恢复力和退化受损程度，统筹区域山水林田湖草系统治理，整体提升河流、湿地、山体、农田等生态系统质量和稳定性，保障三峡库区生态安全。

图 7-11 三峡库区核心区生态涵养区重点区域分布图

3. 巫山-七曜山水土保持综合治理重点区

巫山-七曜山水土保持综合治理重点区位于三峡库区核心区生态涵养区东北部，地处长江（奉节—巫山段）南岸，共涉及奉节、巫山两个区县、25个乡镇。本区域主要包含巫山、七曜山两大山体，长江、乌江、大宁河等多条江河水系，具有良好的土壤保持和水源涵养等生态功能。通过种植草本、针阔混交、乔灌草混交、营造水源林和防护林等措施，增加植被覆盖利用植被冠层和根系达到对地表屏障进行稳水、减流和保土、改土目的；合理利用水土资源实施治坡、治沟工程、修建塘坝、截流沟、排水沟等防护措施，改善排水和流量控制结构，防止积水和洪水在岩溶洼地形成径流；对未成林造林地、疏林地、荒山荒地草丛采取补植封育等措施减缓石漠化蔓延，缓解水土流失和石漠化，提升土壤保持等调节服务价值；通过调整林业结构，因地制宜筛选树种，种植不同类型的生态景观林和经济林，从而提升木材等原材料生产服务价值以及生态旅游等文化服务价值。

4. 方斗山-七曜山生物多样性保护重点区

方斗山-七曜山生物多样性保护重点区位于三峡库区核心区生态涵养区东南部，隶属于方斗山、七曜山山脉，共涉及丰都、石柱两个区县、36个乡镇。本区域内方斗山—七曜山等条状山脉，是重要的生态系统廊道，山高林密，生物多样性、水源涵养、科研观测等生态功能突出。本区需重点改善自然保护地生态环境质量，丰富物种多样性、基因多样性，加强生物多样性维护功能，充分发挥科研观测等文化服务价值；维护生物多样性，巩固生态系统稳定运转，增强生态系统抵抗力和恢复力，保障优质生态产品的供给，提升药材、遗传物质等原材料生产服务价值和空气净化等调节服务价值。

7.3 大巴山生态屏障区

大巴山生态屏障区，地处重庆市东北，"渝鄂川陕"四省(市)交界地带，是重庆的东北"门户"，总面积 8337.75km²，占全市总面积的 10.12%。该区域涉及城口县、巫溪县全域，以及开州区东北部的雪宝山镇、满月镇、关面乡等 6 个乡镇。

7.3.1 本底特征

1. 山脉分布集中，山高坡陡，地形起伏大

区内是全市山体分布最集中、海拔最高的地区，平均海拔 1399.19m，90%以上区域以大巴山为主的自然山体所覆盖，山高且密。区域内山体自北向东，逐渐由西北—东南走向，过渡到西—东走向，形成"一主两副"的山系格局，"一主"即位于东北侧的大巴山，其是全区最主要的山脉；"两副"即大巴山脉延伸形成的两个山系群体。一是位于城口县西南部和开州区北部的雪宝山、墨架山、青山包、磨盘山群；二是位于巫溪县北部的元梁山、石柱山、金鹅池山群(图 7-12)。

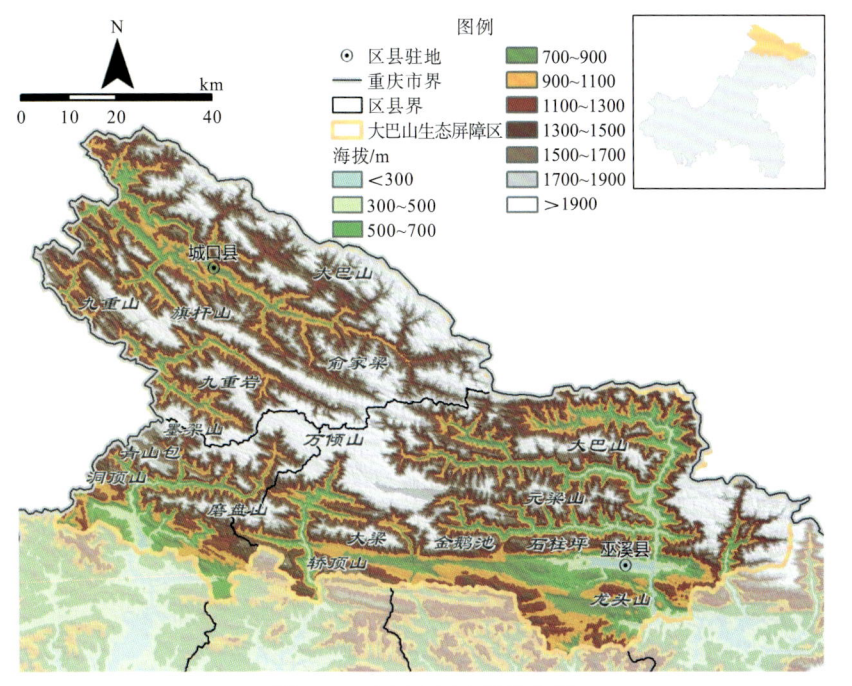

图 7-12 大巴山区山脉分布图

区域内山高坡陡，山区密集，地形起伏度大。全区平均起伏度为 15.23m，起伏度主要在 10～20m，面积约 3134.28km²，占比 37.59%，地形起伏度高于 30m 的地区主要分布在开州区雪宝山一带和巫溪县元梁山一带。

2. 河流水系发达，支流数量多，水资源丰富

区内水系发达，支流数量众多，主要包括汉江水系和大宁河水系（图7-13）。拥有 7 条流域面积大于 1000km² 的大型河流，分别是流经城口县的中河、任河、州河，流经开州区的小江，流经巫溪县的汤溪河、梅溪河、大宁河等。区内一级河流共有 4 条，分别是主要流经巫溪县的大宁河、汤溪河、梅溪河以及流经开州区的小江；二级河流包括流经开州区的满月河、大沙坝河、巴渠河、盐井坝河、东坝溪；流经城口县的任河；流经巫溪县的皂角沟、朝阳河、罗家坝沟、后溪河、樱桃溪、汤家坝河、东溪河、五溪河、洋溪河、白杨河、渔渡溪、长溪河、花园河等 19 条支流，以及 20 条三级支流和其他等级河流。区内降水量丰富，城口县和开州区年均降水量超过 1200mm，巫溪县相对较少，降水量 1100mm。森林生态系统发达，水源涵养功能突出，是重要的水源涵养区。

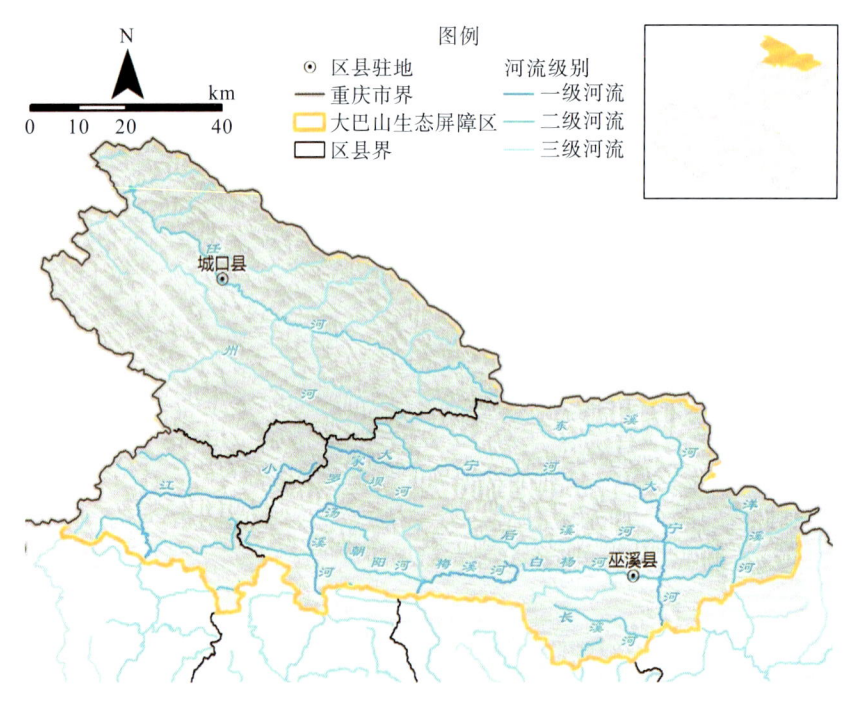

图 7-13 大巴山区河流分布图

3. 自然生态系统占主导地位，生态功能极为重要

区内自然生态系统是主要生态系统类型，其面积为 7409.55km²，占比 88.87%。人工生态系统分布较少，仅有 11.13%（表 7-4）。自然生态系统以森林和灌丛为主，面积分别为 4338.73km² 和 2738.72km²，占比为 52.04% 和 32.85%。空间上，森林垂直带谱特征明显，

第 7 章 市域生态保护修复分区

类型包括针叶林、阔叶林、竹林；灌丛与森林交错分布，多为阔叶灌丛；草地生态系统中孕育着我国中低纬度区域面积最大、保存最原始的亚高山草甸，面积约 55.12km²，集中分布于开州区的雪宝山镇、巫溪县的红池坝镇和宁厂镇；城镇生态系统主要为城口、巫溪县城，农田主要分布在巫溪县南部的古路镇、峰灵镇、上磺镇等乡镇；湿地和其他生态系统整体分布较少(图 7-14)。

表 7-4 大巴山区生态系统情况表

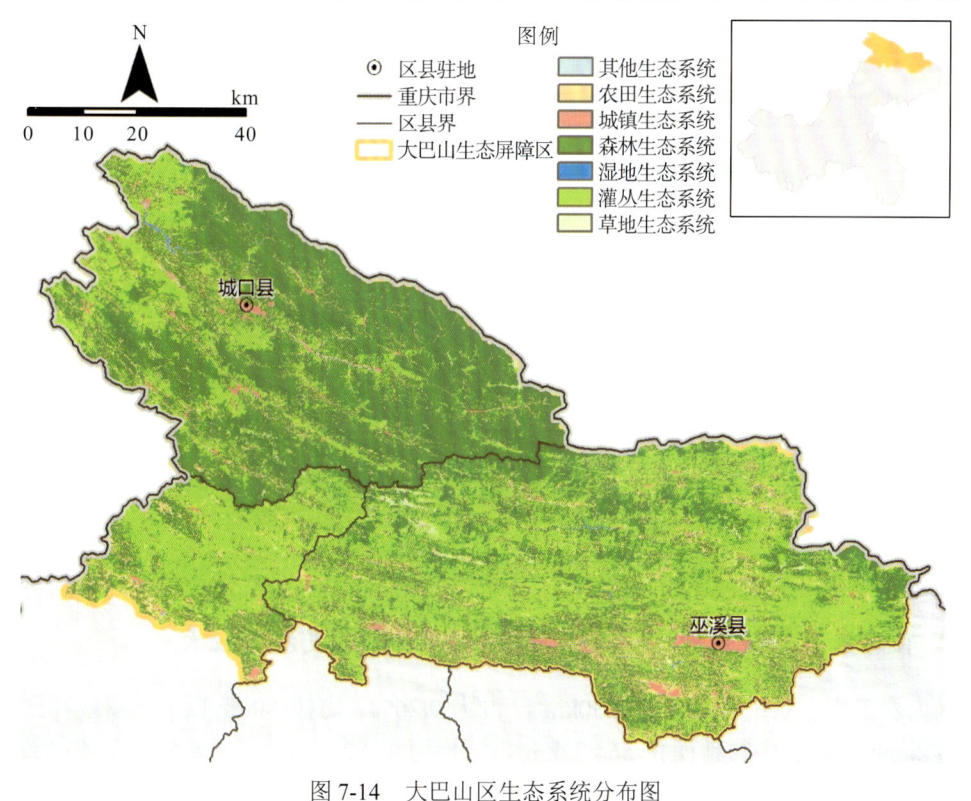

名称	面积/km²	占比/%
其他生态系统	47.69	0.57
农田生态系统	772.30	9.26
城镇生态系统	155.90	1.87
森林生态系统	4338.73	52.04
湿地生态系统	19.95	0.24
灌丛生态系统	2738.72	32.85
草地生态系统	264.46	3.17
总计	8337.75	100.00

图 7-14 大巴山区生态系统分布图

复杂多变的地形地貌，优越的自然条件，以及丰富的水热资源，为野生动植物生存和繁衍提供了良好的栖息环境，孕育了丰富的生物多样性。根据评估，城口、巫溪是全市生

集中分布于巫溪境内，巫溪县石漠化区域面积达 1229.93km²，占总面积的 88.60%。空间上，汤溪河流域、大宁河流域石漠化分布密集，田坝镇、红池坝镇、朝阳镇、天元乡、中梁乡、下堡镇、大河乡、峰灵镇、花台乡等均有大量石漠化区域分布。尤其巫溪县双阳乡和兰英乡分布有极重度石漠化类型，石漠化治理需求突出；巫溪县水土流失面积 1748.14km²，占比 83.02%，并以轻度侵蚀为主。空间上，水土流失区域与大巴山山脉走向和河流分布高度一致，尤其开州区磨盘山和巫溪县龙头山附近有强烈侵蚀区域集中分布，涉及开州区谭家镇，巫溪县峰灵镇、上磺镇等地。水土流失、石漠化在巫溪大宁河、汤溪河流域空间分布上有较大区域重叠，表明该区域既是石漠化分布区，也是水土流失侵蚀区，互相交织影响。

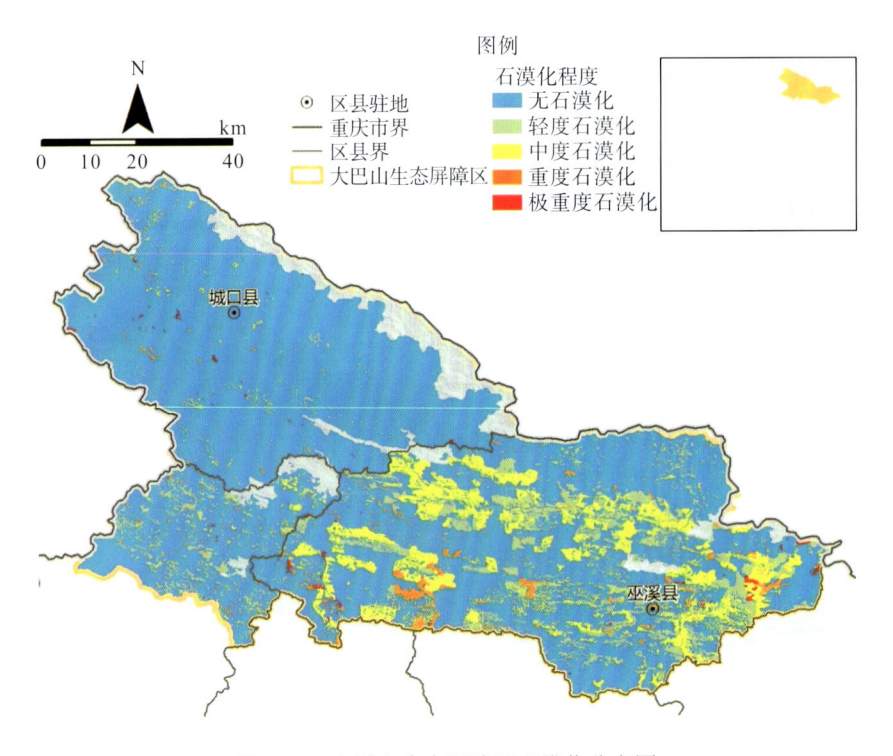

图 7-17　大巴山生态屏障区石漠化分布图

2. 地质灾害频发，威胁大巴山总体安全

区内山高坡陡，自然环境恶劣，自然灾害频发。全区 77.41%区域为地质灾害中易发区，22.59%为地质灾害高易发区，且集中分布于城口县任河上游、州河上游、九重山和巫溪县大宁河上游、龙头山等地。区内现有 989 处地质灾害隐患点，类型以滑坡(578 处)为主，占比 58.44%。空间上，地质灾害隐患点主要沿山间谷地、河流两岸集中分布，尤其在城口县任河流域的坪坝镇、左岚乡、巴山镇、高燕镇、明中乡、庙坝镇、蓼子乡；城口县中河流域的双乡、沿河乡；城口县州河流域的咸宜镇、鸡鸣乡、明通镇、周溪乡、九重山；巫溪县大宁河流域、龙头山谷地的下堡镇、大河乡、宁河街道、峰灵镇、花台乡、

第 7 章　市域生态保护修复分区

蒲莲镇、上磺镇等 20 个乡镇街道内有多处地质灾害隐患点集中分布,地质灾害隐患极高,对大巴山区生态环境、人居生产构成强烈威胁。

3. 大宁河流域存在生态系统退化风险

大巴山作为全市重要生态屏障区,森林分布广,质量高,生物多样性保护、水源涵养功能极为重要。但受水土流失、石漠化和人类耕作活动双重干扰,巫溪县大宁河西侧的柏杨街道、凤凰镇、城厢镇、上磺镇、天星乡、胜利乡、红池坝镇等地,生态系统生产功能下降,使得生态系统轻度退化,质量降低(图 7-18)。

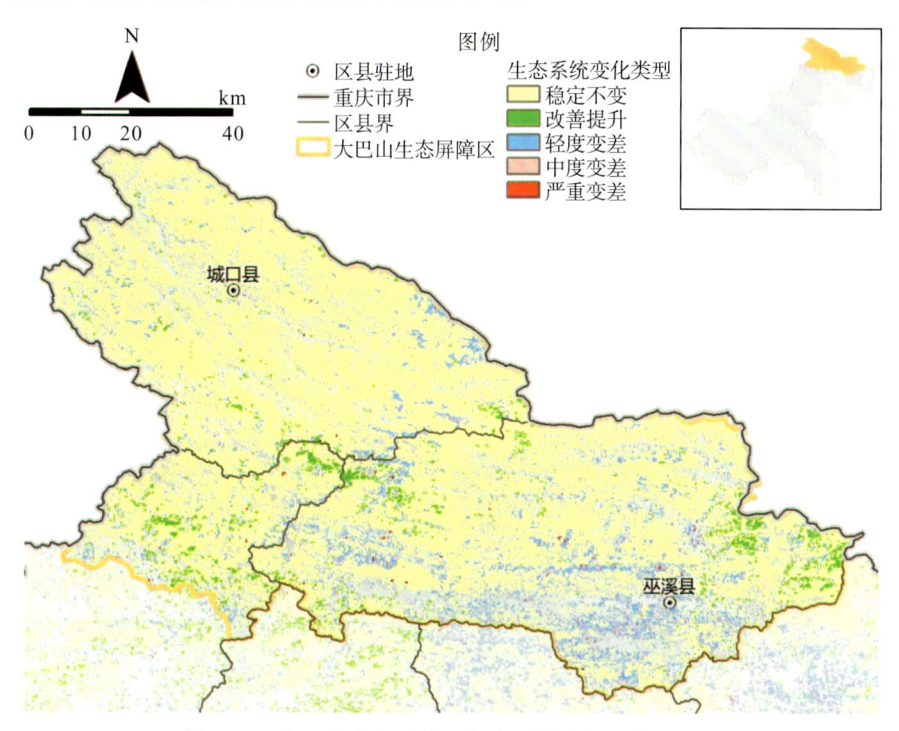

图 7-18　大巴山生态屏障区生态系统功能退化评价图

4. 自然保护区内存在人类活动干扰,生态保护与农村发展问题突出

我国早期的自然保护区建区方针是"早划多划、先划后建",所以大多是从已被原住居民利用的土地上划出来的,自然保护区同当地居民的村落、农田、牧场以及集体山林等交错在一起,甚至许多自然保护区的核心区内也有居民分布。自然保护区内的产业结构多为农牧生产,多为对资源的消耗性利用,一方面会占用过多的土地资源,导致自然植被破坏及生物量损失;另一方面对自然生态系统的改造还会使自然保护区内原生性生态系统结构、格局和功能发生变化,直接影响动植物生境的稳定。

5. 耕地资源贫乏,坡耕地占比高

区内耕地总面积仅 730.26km^2,占全区总面积的 8.76%,耕地资源极其贫乏。小于 6°

7.3.3 重点区域识别

大巴山是典型的山地生态系统，区内常绿阔叶林、常绿落叶阔叶混交林、落叶阔叶林、灌木林和山地草甸形成了良好的林、灌、草生态系统。大巴山作为重庆北麓重要的生态屏障，森林覆盖率较高，生物多样性丰富，对维护中心城区生态安全起着重要的作用。近年来由于土地资源缺乏，水土流失严重，生物多样性受胁严重，经济总量小与综合经济实力不强，制约了地方生态环境建设的投入和经济发展速度的提升，环境基础设施建设滞后，综合治理能力薄弱。因此，立足大巴山生物多样性保护和水源涵养等重要生态功能，综合考虑水土流失和石漠化、地质灾害隐患、生物多样性降低等重要的生态问题，共划定大巴山生态屏障区三个重点区域，包括大巴山水源涵养和生物多样性保护重点区、大宁河流域水源涵养重点区、九重山—红池坝亚高山草甸生态修复重点区（图7-22）。

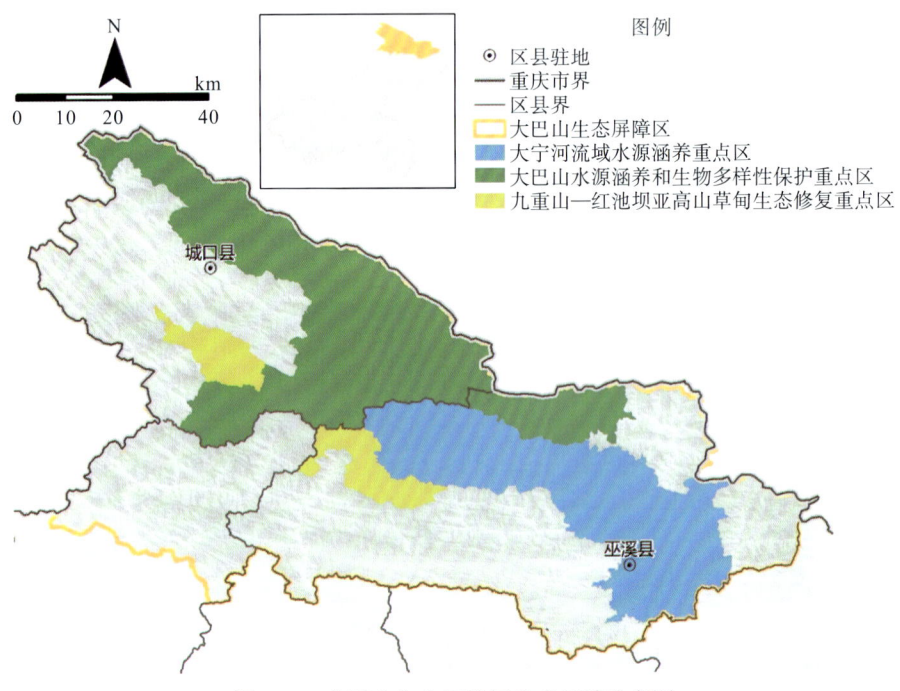

图 7-22 大巴山生态屏障区重点区域分布图

1. 大巴山水源涵养和生物多样性保护重点区

大巴山水源涵养和生物多样性保护重点区涉及城口县、开州区、巫溪县三个区县，共计14个乡镇。该重点区以大巴山自然保护区为主体，主导生态功能以水源涵养、生物多样性保护和科研观测为主，森林生态系统质量高，水源涵养功能强，维育有极高的生物多样性，是区域的重要生态载体，对保护长江三峡水库生态安全，维持秦巴山区生态支持系统具有重要的生态战略地位。大巴山应以保护保育为主，协同自然恢复，加强国家级自然保护区建设，保护山地野生动植物生物多样性，强化对山地森林生态系统、亚高山草甸生态系统和水源涵养林的保护及生物多样性保育，建设生态廊道，提升生境质量。

2. 大宁河流域水源涵养重点区

大宁河流域水源涵养重点区位于大巴山生态屏障区中部偏东，涉及巫溪县的土城镇、大河乡、天元乡等13个乡镇。大宁河作为汉江源头之一，是全国优质水资源战略储备库。该重点区以巫溪大宁河流域为主体，坡耕地分布广泛，以洪水调蓄、水土保持、生态景观等为主导生态功能。该区需重点加强农业面源污染治理，改善流域生态系统质量，保障沿岸用水安全，充分恢复水生植物的净化作用，增加水体溶解氧量，从而有效提升水环境净化等调节服务价值；通过建立水生态自净系统，关闭沿岸中小企业和违章建筑，实施河道清淤，新建截污管网，整治排污口，优化流域生态环境品质，提升生态旅游等文化服务价值；通过植被覆盖增加，达到稳水、减流和保土、改土的目的，防止积水和洪水在岩溶洼地发生；对未成林造林地、疏林地、荒山荒地草丛采取补植封育等措施缓解水土流失和石漠化，提升水源涵养、土壤保持等调节服务价值。

3. 九重山—红池坝亚高山草甸生态修复重点区

九重山—红池坝亚高山草甸生态修复重点区位于大巴山生态屏障区中部偏西，涉及巫溪的红池坝经济开发区和城口的蓼子乡两个乡镇。该重点区以红池坝、九重山为核心，是亚高山草甸的集中分布区域，生态景观质量高，以水源涵养和生态景观为主导功能。该区需重点根据草甸实际情况，通过定期封育、建植人工草地等措施，缓解水土流失和石漠化，提高水源涵养、土壤保持等调节服务价值；结合亚高山草甸生态观光旅游特色，发展亚高山草甸观光旅游，有效提升生态旅游等文化服务价值，促进生态产品价值实现。

7.4　武陵山生态屏障区

武陵山生态屏障区，总面积17377.40km^2，占全市总面积的21.09%。地处重庆东南，"三省一市"（渝、黔、鄂、湘）的交界，是武陵山腹地。该区域涉及黔江区、酉阳县、秀山县、彭水县、武隆区全域，以及涪陵区的焦石镇、大木乡、白涛街道、武陵山乡，共计165个乡镇。

7.4.1　本底特征

1. 山高坡陡，地形起伏大，形成"两区、九盖、二十二点"山脉格局

区内山高坡陡，地形起伏较大，立地条件较差。按照海拔分级，全区分为低海拔区（900m以下）和中海拔区（900～2800m），以低海拔为主，全区海拔在900m以下的区域占全区总面积的64.86%，主要分布在秀山县和酉阳县东部；海拔在900～2800m的区域占全区总面积的35.14%，主要分布在武隆区和彭水县北部的七曜山区，以及酉阳县西部的条形褶皱山脉(图7-23)。

武陵山生态屏障区是典型的山区，区内山地总面积约 1.66 万 km²，占区域总面积约 95.25%，其中，低山区约 6700.92km²，占山地地貌的 40.61%，在彭水县、黔江区和酉阳县的西部呈东北—西南走向的条带状分布，在酉阳县东部和秀山县分布较为集中；中山区约 9850.30km²，集中分布在武隆、彭水北部和酉阳中部地区。平原和丘陵地貌面积约 543.35km²，占总面积的 3.13%，集中分布在秀山县的梅江沿岸；台地和河谷地貌面积约 282.83km²，占比不足 2%，主要分布在武隆区的仙女山街道。

武陵山生态屏障区总体呈现出"两区、九盖、二十二点"山脉格局。"两区"，即武陵山区和七曜山区，武陵山生态屏障区处于武陵山腹地和七曜山南缘，区域内拥有武陵山和七曜山两大山脉；"九盖"，"盖"是指四周陡岩突起而顶部较平的地貌形态，具体包括平阳盖、川河盖、木桶盖、毛坝盖、炭山盖、矿铅盖、山塘盖、麒麟盖、东山盖；"二十二点"，指区域内其他 22 座山体面积大于 100km² 的山体，即太阳山、葡萄山、八面山、天龙山、金银山、马鞍山、灰千梁子、五福岭、凤池山、八面山、尖子山、白马山、弹子山、骨干山、后漕、尖峰岭、仙女山、茂云山、五福岭、磨盘石、武陵山(涪陵)、阴暗山。

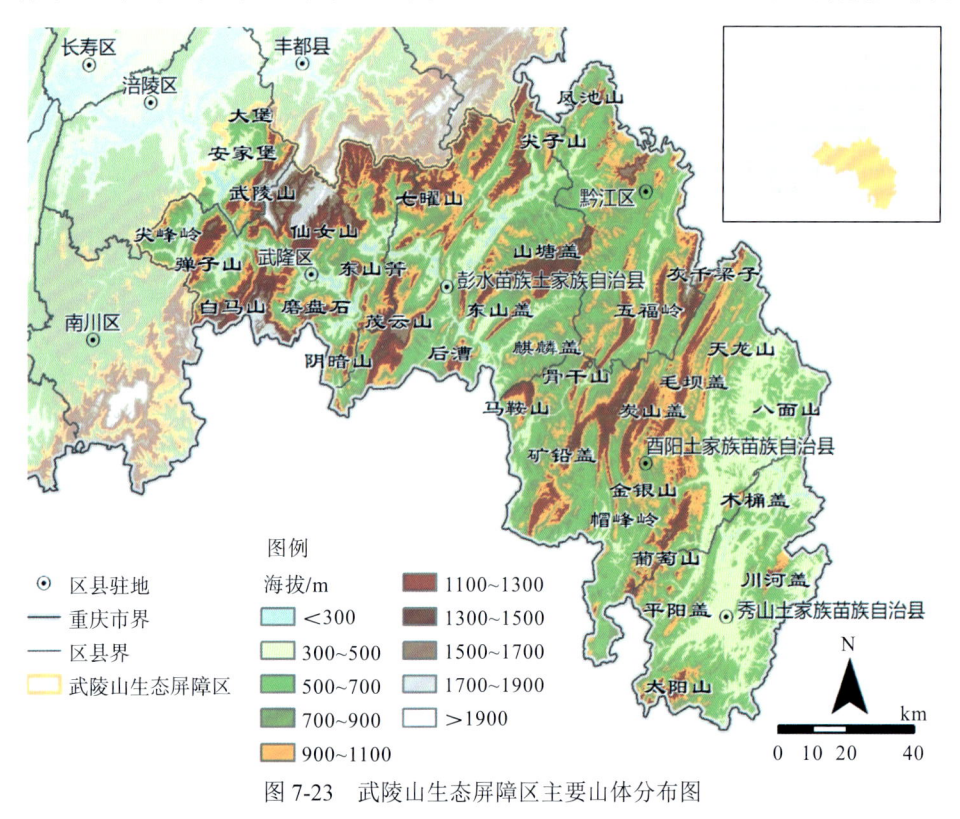

图 7-23　武陵山生态屏障区主要山体分布图

2. 以乌江水系及其支流为主，形成"一干、二十支、多脉"格局，水资源总量充沛

武陵山生态屏障区江河纵横，水系发达，以乌江水系及其支流为主，形成了"一干、二十支、多脉"的江河格局(图 7-24)。

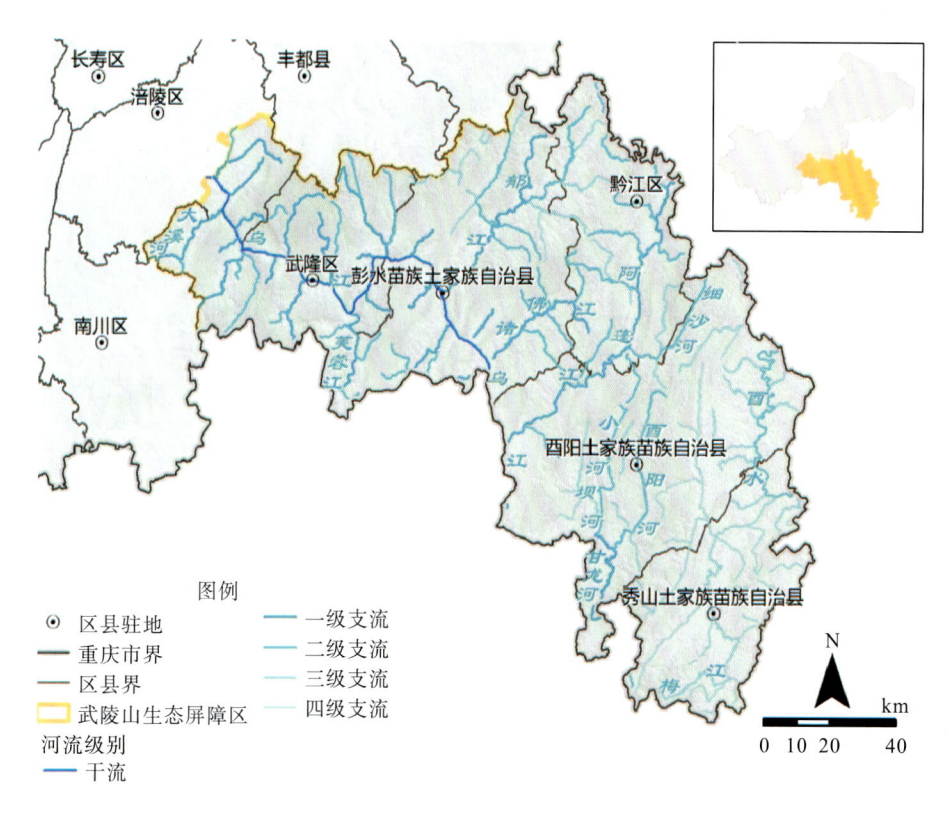

图 7-24　武陵山生态屏障区水系图

"一干"即乌江，武陵山生态屏障区内唯一的一级河流，流经涪陵、武隆、彭水、酉阳 4 个区县的 26 个乡镇。"二十支"即武陵山生态屏障区内二十条二级河流，具体包括大溪河、清水塘沟、石梁河、猫儿沟、长头河、芙蓉江、马厂沟、长溪河、靛水河、龟池河、新田河、诸佛江、郁江、阿蓬江、甘龙河、茶溪沟、龙胆沟、老盘河、清水溪、延沧河，多呈西南—东北走向。"多脉"即区域内其他 36 条三级河流和其他河流。

全区水资源总量丰富，2019 年，全区水资源总量达 158.78 亿 m³，其中，酉阳县水资源量占比超过 1/3，是全区水资源最为丰富的区县；其次为彭水县，水资源总量约 37.12 亿 m³，占比 23%；武隆区、黔江区和秀山县水资源量相对平均，均占全区水资源总量的 14%左右。

3. 森林、灌丛生态系统分布广泛，生物多样性丰富

武陵山生态屏障区以森林、灌丛生态系统为主(表 7-5)，其中森林生态系统分布范围广泛，面积达到 8115.24km²，占全区总面积的 46.70%，类型主要包括针叶林、阔叶林和竹林，森林垂直带谱明显，其中针叶林占比约 65%；灌丛生态系统面积约 4051.24km²，分布相对集中，主要分布在酉阳县，与森林交错分布，类型主要为阔叶灌丛(图 7-25)。

表 7-5　生态系统面积统计表

生态系统类型	面积/km²	占比/%
其他生态系统	41.71	0.24
农田生态系统	3675.32	21.15
城镇生态系统	623.85	3.59
森林生态系统	8115.24	46.70
湿地生态系统	130.33	0.75
灌丛生态系统	4050.67	23.31
草地生态系统	740.80	4.26
合计	17377.92	100.00

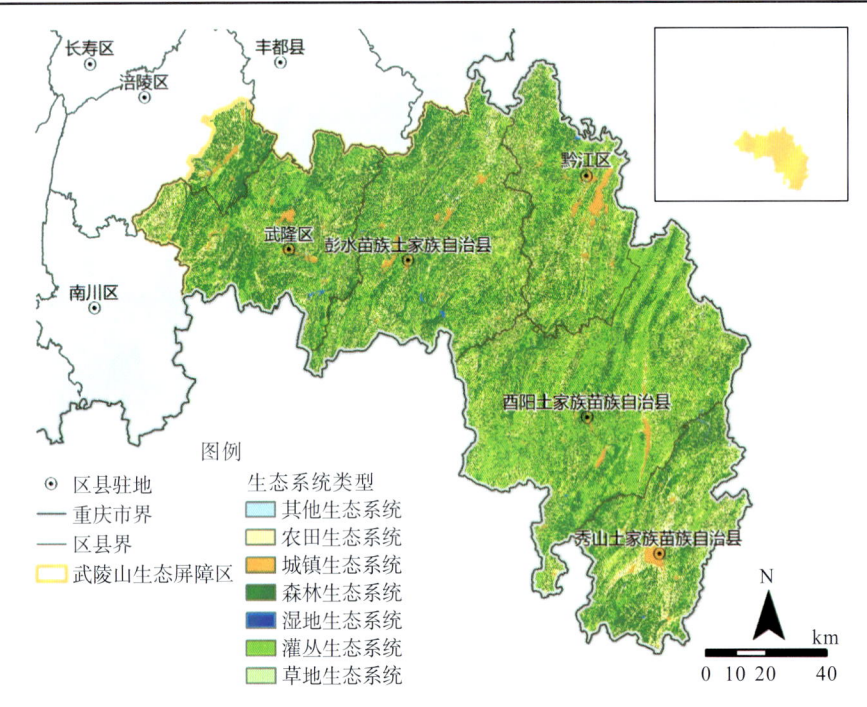

图 7-25　武陵山生态屏障区生态系统类型图

区内属武陵山区腹地，自然资源禀赋优良，生态保护力度较大，设立有自然保护地 31 处，总面积为 2831.05km²，占全区总面积的 16.29%。区内拥有丰富多样性生态系统和生物区系，生物种类多、特有动植物种类丰富。区内有植物 52 科、110 属、162 种，动物 69 科、206 种，其中包括金钱豹、云豹、白冠长尾雉、林麝、白鹤、白猴、黑叶猴等 9 种国家一级保护动物和银杏、红豆杉、水杉等国家一级保护植物。

4. 农田生态系统规模较大，高山农业资源丰富

区内农业生态系统面积约 3674.85km²，占全区总面积的 21.15%，集中分布在秀山县中部和武隆区西部；受七曜山山脉和武陵山山脉的影响，地形以中山山地为主，山峦起伏、

沟壑纵横、耕地破碎、立地条件差，具有保水不易、土质贫瘠等典型的喀斯特地貌特点，传统农业是经济社会发展的短板，加快发展山地特色高效农业是促进农业产业结构、品种结构和生产结构调整优化的新思路、新方法。

全区海拔 800m 以上的耕地和园地面积达 1408.97km^2，其中耕地面积 1359.49km^2，占比 96.49%，园地面积 49.48km^2，占比 3.51%，集中分布于盖顶相对平坦区域，如武隆区的和顺镇、白云乡、双河镇、仙女山街道等，彭水县的龙射镇、平安镇、太原镇、大同镇等，黔江区的邻鄂镇、五里镇、水市镇、鹅池镇等，酉阳县的龚滩镇、双泉乡、花田乡、毛坝乡、后坪乡等，以及秀山县的隘口镇、钟灵镇等乡镇街道(图 7-26)。

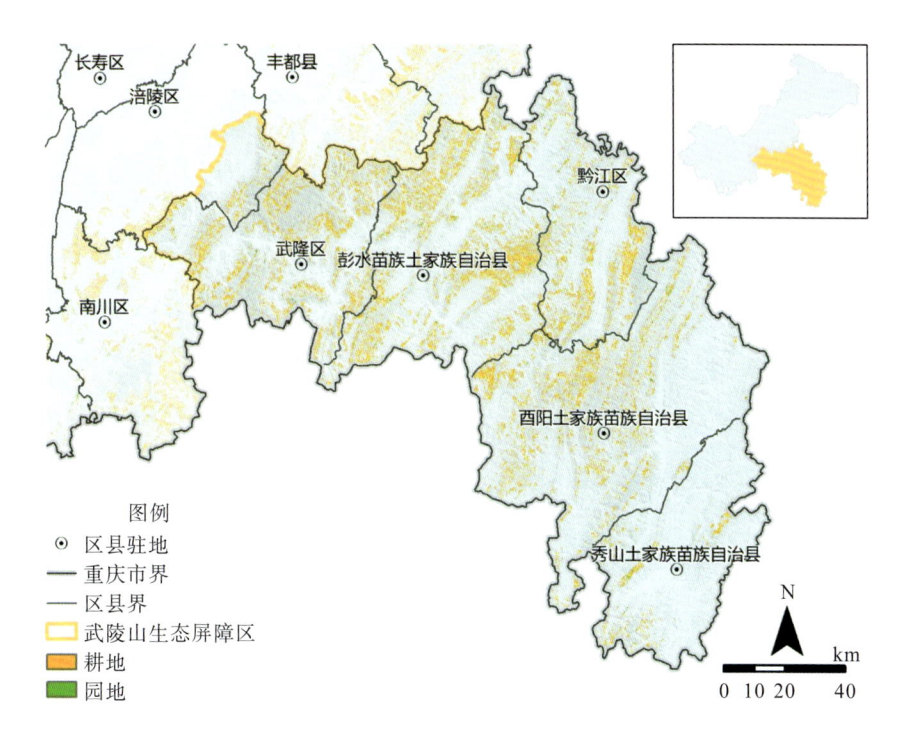

图 7-26　武陵山生态屏障区高海拔耕地、园地分布图

5.景观资源丰富，旅游产业基础较好

武陵山生态屏障区是全市旅游资源最丰富的地区之一，具有发展旅游业得天独厚的条件，自然旅游资源和人文旅游资源丰富、多样、独特，山川秀丽，历为广大中外人士所向往之地，充分开发利用区内旅游资源，对区域发展具有重要意义。

由于特殊的地理环境和气候，区内地貌复杂，碳酸盐岩在区内广泛分布，经过长久溶蚀，喀斯特地貌发育完全，形成了众多溶洞、峡谷、天坑等壮美的自然山水风光。深厚的历史文化沉积和浓郁的民族风俗风情也是区内宝贵的旅游资源。区内共有全国特色景观旅游名镇 8 个、历史文化名村 24 个、文物古迹 3 处、市级特色小镇 5 个，集中分布在酉阳县。同时区内还有旅游区 39 个，其中 5A 级旅游区 5 个、4A 级旅游区 18 个、3A 级旅游区 3 个、2A 级旅游区 4 个、其他旅游区 9 个(图 7-27)。

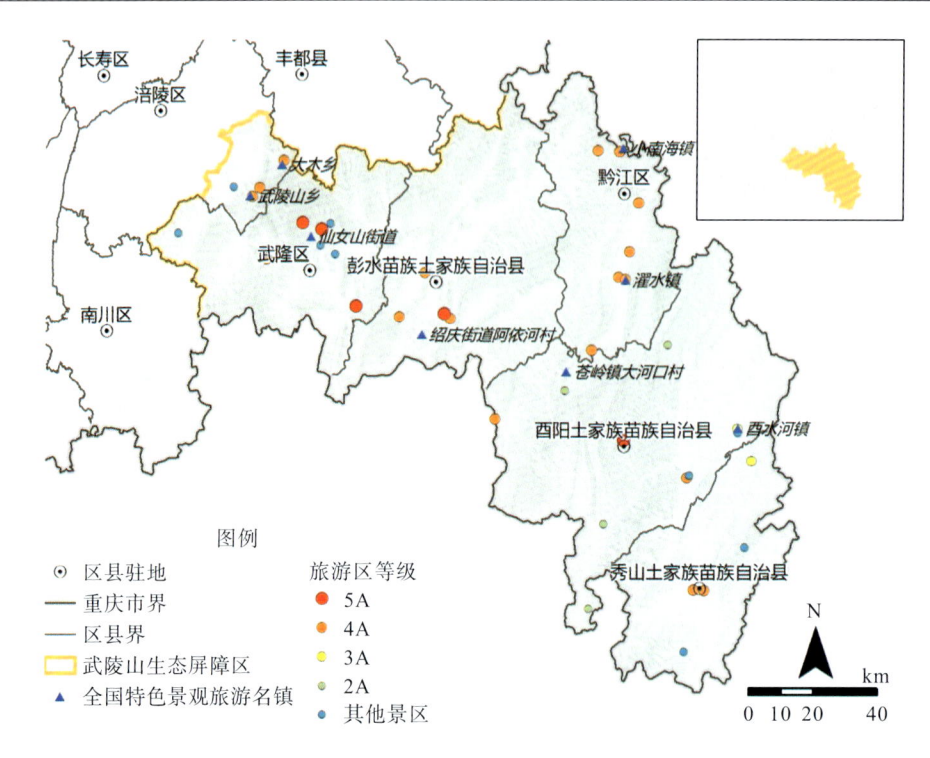

图 7-27　武陵山生态屏障区景观资源分布图

7.4.2　主要生态问题

1. 局部地区生态系统发生退化，生物多样性维护功能下降

区内人地矛盾日益突出，不合理的开发利用导致原本脆弱的生态系统结构和功能遭到破坏。在自然和人为要素双重影响下，武陵山区自然生态系统受到影响，生产能力水平降低，出现轻度、中度退化，局部人类活动强烈区域出现严重退化现象。空间上，酉阳、秀山生态系统功能稳定，生产能力水平较高；武隆区、彭水县和黔江区，尤其彭水县高谷镇、普子镇，黔江区阿蓬江镇、石会镇退化问题严重。生态系统结构退化区多集中于区县城周边人类活动强烈区域，如武隆区仙女山街道、黔江区正阳街道、舟白街道，均为乔木林地转化为房屋、工厂、道路等建设用地，结构性退化严重。

根据《重庆市生物多样性保护策略与行动计划》表明，区域内大部分野生动物分布区显著缩小，种群数量锐减，对生物资源过度开发、生物多样性保护意识淡薄、对外来物种入侵问题重视不够以及制度不健全、环境污染等，都是导致生物多样性退化的因素。

2. 石漠化、水土流失相互交织，发展与保护矛盾突出

全区超过60%土地被碳酸盐岩覆盖，极易发生石漠化。根据第三次石漠化调查成果，区内岩溶区域面积10836.15km^2，石漠化发生面积3327.29km^2，占全区面积19.15%。2019年水土流失面积5122.66km^2，占比29.48%。区内石漠化多分布于酉阳县和彭水县，合计面积 2143.02km², 占区域石漠化面积的 64.41%。酉阳的龙潭镇、后坪乡、酉酬镇、酉水河镇、丁市镇, 彭水的靛水街道、保家镇, 黔江区的阿蓬江镇最为严重(图 7-28)。

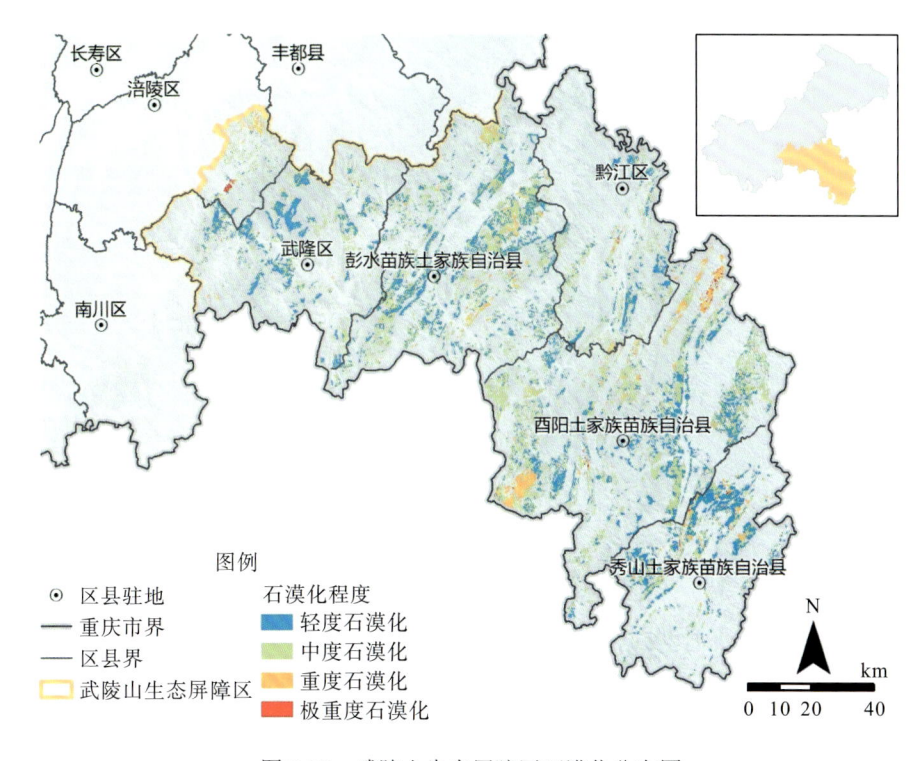

图 7-28 武陵山生态屏障区石漠化分布图

水土流失高发区域集中在郁江、诸佛江和阿蓬江流域, 包括彭水县走马乡、郁山镇、龙溪镇、善感乡、鞍子镇、梅子垭镇、诸佛乡, 以及酉阳县的双泉乡、花田乡、铜鼓镇等。

水土流失与石漠化重度区域在空间上高度重叠, 形成机理互相交织影响, 加之坡耕地分布广泛, 极易形成恶性循环。同时, 区内属于经济相对落后地区, 生活压力大, 耕地不足, 经济发展与生态保护矛盾突出。

3. 乌江、阿蓬江沿岸地质灾害风险较高, 威胁武陵山区总体安全

区内地质灾害风险较高, 地质灾害中易发区和高易发区总面积 14774.43km², 占比 85.02%; 全区仅有酉阳县天龙山、八面山、木桶盖等地为地质灾害低风险区, 其余区域均为地质灾害中风险以上区域, 尤其乌江武隆段、乌江彭水段和黔江区阿蓬江上游流域, 为地质灾害高风险区。

4. 森林树种结构单一, 森林生态系统抗风险能力差

根据林业部门数据, 区内林地总面积 11528.46km², 占全区总面积的 66.34%。林地资源丰富, 但林相结构不合理, 马尾松林占比 31.75%, 灌木占比 16.25%。幼中龄林比重大, 低质低效林比重有扩大趋势, 森林的防护效益和森林抗逆性差。大面积的马尾松林一旦遭

受松毛虫、松材线虫侵害,将出现大面积死亡,森林生态系统抗风险能力差,不利于生物多样性保护。杉木林分布较多,不利于森林生态系统多样性保护。

马尾松林集中分布在武隆区和酉阳县的西部,以及黔江区,具体包括的乡镇有武隆区的和顺镇、长坝镇、白云乡、平桥镇、浩口苗族仡佬族乡、文复苗族土家族乡;彭水县的棣棠乡、保家镇、长生镇、芦塘乡;黔江区的小南海镇、城东街道、城西街道、石会镇、金溪镇、太极镇、白石镇、新华乡、水市镇、鹅池镇、石家镇、金洞乡等;酉阳县的苍岭镇、庙溪乡、天馆乡、双泉乡等;秀山县的大溪乡、岑溪乡、中平乡、妙泉镇等(图7-29)。

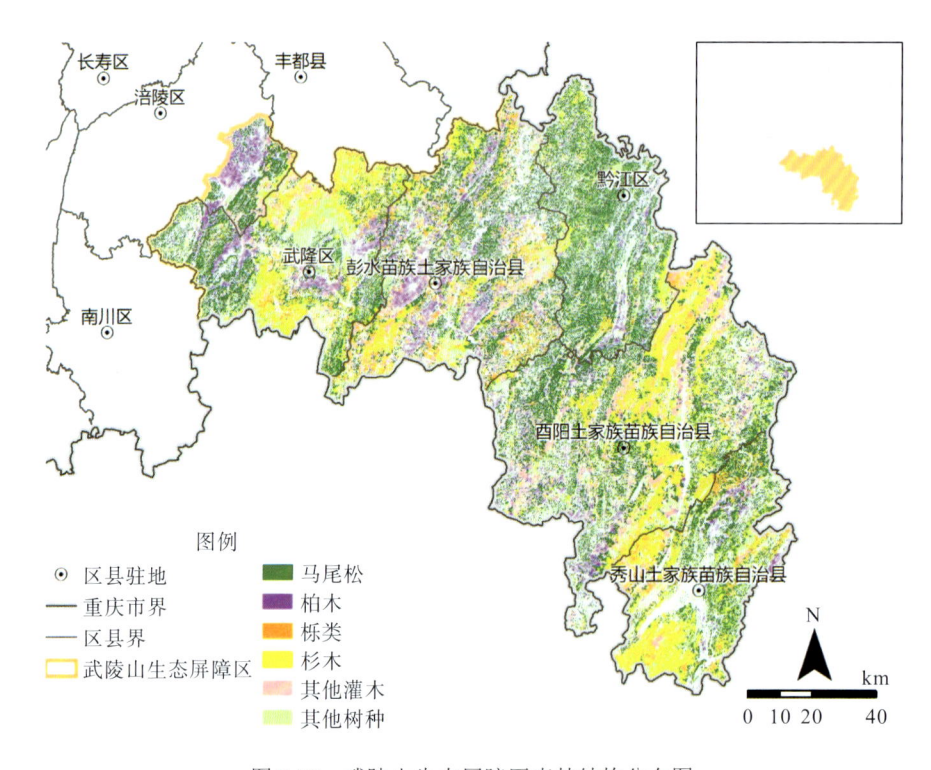

图7-29 武陵山生态屏障区森林结构分布图

5. 农业生态环境条件不佳,特色农产品规模小、品牌效应差

受喀斯特环境特殊性的影响,这一地区的农业生态环境条件不佳,主要表现在陡坡耕地比重偏大、土壤层薄、土壤保水保肥能力较差、石灰岩层广泛分布等方面。水土流失和过度垦殖造成土地生产能力下降,低产田和坡瘠地分布广泛。加之农业生产基础条件比较薄弱,使农业生产抵御自然灾害的能力不强,加大了农业生产的风险和难度。

渝东南独特的山水资源和气候条件,也造就了武陵山区特有的烟草、畜牧、中药材、山珍食品等农业生产类型。但是受地形地貌的影响,村落切割分散,目前特色生态农业发展规模小,作坊经济普遍,缺乏龙头企业的牵引与带动,农业特色产业规模化运营程度不足,传统农业向畜产品、蔬菜、水果、花卉等具有价格竞争优势的高效农产品转型力度不强,除高山蔬菜等少有的几个品牌外,多数尚未成为全国重要的山地特色品牌。

6. 水资源总量丰富，但储水调水能力偏弱

区内水系发达，降水丰富，整体水资源量丰富，但水利设施滞后，水资源得不到充分利用和保护。储水一直是困扰当地生产、生活的重要难题，也是农村农民增收，粮食增产的瓶颈。一方面，受地形影响，武陵山区山高坡陡，水利蓄水工程造价高、建造难度大。另一方面，岩溶地貌分布广泛，区内土层薄、土壤储水保水能力弱，岩石裂缝、漏斗、地下溶洞极为发育，地表降水极易快速转移到地下深处，开采利用极为困难。区内现分布有7个大型水库、20个中型水库（图7-30），水库分布密度较低，仅武隆区西部、秀山县东南部分布相对较多。

图 7-30 武陵山生态屏障区水库分布图

7. 城镇沿河谷狭长分布，生态风险加剧

武陵山区属典型喀斯特地貌，水土流失和石漠化比例相对较大，资源承载力有限，自然生态环境较为脆弱，极易受到人类活动的干扰。区内城镇大多位于河流和山体夹击的沟谷地段，城镇空间布局呈带状向外蔓延，城乡用地结构快速变化对武陵山区生态格局带来负面影响，易造成生态阻隔效应加剧，破坏山区自身相对完整的"斑块、廊道和基质"生态网络格局。例如，沿龙潭河—溶溪河分布的酉阳泔溪镇、麻旺镇、龙潭镇，以及秀山的溪口镇、溶溪镇、膏田镇等形成了绵延数十千米的乡镇带，人类生活和生产排放使水体污染风险加剧，同时也对生态格局造成极大影响（图7-31）。

全；推进乌江两岸护岸林、景观林建设，联动周边特色人文自然资源，着力打造乌江流域绿色旅游带。

2. 七曜山—茂云山—灰千梁子生物多样性保护重点区

七曜山—茂云山—灰千梁子生物多样性保护重点区位于武陵山生态屏障区北部，涉及武隆区、彭水县、酉阳县 3 个区县，以及双河乡、仙女山街道、毛坝乡等 24 个乡镇街道。该重点区自然资源禀赋优良，拥有丰富多样性生态系统和生物区系，生物种类多、特有动植物种类丰富，是重要森林生境，具有很好的土壤保持、水源涵养、生物多样性保护等生态功能。该区需重点增强土壤保持、水源涵养能力，提升自然保护地生态环境质量，从而维持金钱豹、云豹、白冠长尾雉、林麝、白鹤、白猴、黑叶猴、中华鲟、长江鲟 9 种国家一级保护动物和银杏、红豆杉、水杉等国家一级保护植物的物种多样性、基因多样性；充分发挥森林生态系统固持二氧化碳、释放氧气的重要生态服务功能，以及改善局部地区空气质量，调节大气碳氧平衡等方面的调节服务价值。同时，该区自然环境优良，可重点发展秋季鲜销蔬菜、夏季特色蔬菜、高山名优茶叶，以及青蒿、白术、粉葛、厚朴、续断、玄参等中药材。

3. 山塘盖—麒麟盖水土流失和石漠化综合治理重点区

山塘盖—麒麟盖水土流失和石漠化综合治理重点区位于武陵山生态屏障区中部，涉及山塘盖、麒麟盖等重要山体，涉及彭水县、酉阳县两个区县，以及联合乡、郁山镇、龚滩镇等 19 个乡镇。该区需重点缓解水土流失和石漠化，增强生态调节能力，提升水源涵养、水土保持功能；提升农田保水、保肥能力，增加粮食、蔬菜等产品供给，重点发展秋季鲜销蔬菜和夏季特色蔬菜，南方梨、猕猴桃、核桃、板栗、杨梅、蓝莓、银杏、猪腰枣等水果，以及青蒿、白术、粉葛等中药材。

4. 川河盖—平阳盖生态综合治理重点区

生态综合治理重点区位于武陵山生态屏障区南部，覆盖川河盖、平阳盖等重要山体，涉及秀山县大溪乡、海洋乡等 20 个乡镇。该重点区以秀山小盆地为核心，为武陵山难得的平坦区域，适宜农业生产和城镇建设，拥有自然公园、风景名胜区和特色小镇等旅游资源，具有水源涵养、文化服务、农产品供给等生态功能。该区需重点缓解局部水土流失和石漠化，减少地质灾害隐患，增强生态调节能力，提升水源涵养、水土保持功能；发展优质特色水稻、"双低"油菜、荞麦、菜用马铃薯等、南方梨、猕猴桃、核桃、板栗、杨梅、蓝莓、银杏、猪腰枣等，以及名优茶叶；利用自然景观、人文旅游资源和农业产业，依托生态保护修复措施，发展生态旅游业与生态农业，加强秀山县农文旅产业融合发展，联动武隆、彭水、黔江和酉阳打造武陵世外桃源乡村振兴示范带，打造"山水乡旅"乡村振兴示范带。

7.5 大娄山生态屏障区

大娄山生态屏障区地处重庆西南部，为大娄山区北缘，处渝、黔、川三省(市)交界，东西长160km，南北宽140km。总面积8740.80km², 占全市总面积的10.61%。该区域涉及綦江区、南川区和万盛经开区全域，江津区长江以南的乡镇，以及涪陵区增福镇、大顺镇、青羊镇、龙潭镇、同乐镇、马武镇和荔枝街道的部分乡村。

7.5.1 本底特征

1. 地势自西北向东南逐渐抬升，地貌以低山、中山为主，形成"一区两核多点"山脉格局

大娄山生态屏障区处于四川盆地东南边缘与云贵高原北部大娄山余脉过渡地带，地形以山地为主，地势总体呈东南向西北倾斜。受地质构造影响，全市地势自江津区长江河谷，向东、向南逐渐抬升，形成高耸山地。西北侧江津区、綦江区地势平坦，海拔多在300~400m，是主要的人类活动区，最南端的四面山、东南端的金佛山，海拔在800m以上，山高坡陡，立地条件差，森林、灌丛的自然生态系统发育显著，保存完好，是极为重要的生物多样性保护和水源涵养区。

区内为典型的山地区域，地貌类型以丘陵为主，自西北向东、向南逐渐过渡到低山、中山。区内中山地貌总面积为4206.66km²，低山地貌总面积为2402.28km²，二者合计占比75.61%。区内山岭绵延，坡度陡，沟谷纵横，切割深，形成"一区两核多点"的山脉格局。"一区"，即大娄山区，大娄山余脉与四川盆地共同构成了区内的地形骨架。"两核"，即四面山和金佛山，以四面山为核心的群山向北蜿蜒至长江，多呈西北—东南走向；以金佛山为核心的群山，山高林密，森林生态系统保存完整，生物多样性富集。"多点"，即区内其他重要山体，如江津燕尾山、骆来山、紫荆山、鸡公岭，綦江的圣灯山、老瀛山、长田山、硫磺坪、莲花山，南川的猫鼻梁、山王岗、官木山等(图7-33)。

2. 江河纵横，水网发达，形成"一干二骨多支"水系格局

区内水系发达，江河纵横，拥有大小河流近140条，长江自江津区石蟆镇入境，于珞璜镇出境，其他河流分别发源于东侧和西南侧的金佛山和四面山，江津、綦江境内河流多发源于西南侧的大娄山余脉，并于各处汇入长江。南川境内河流多发源于西南侧的金佛山，河流多向东汇入乌江。总体上，全区水系网络形成"一干二骨多支"的水系格局(图7-34)。

"一干"，即长江，为西北侧边界；"二骨"，分别是綦江和大溪河，其中，綦江发源于贵州乌蒙山西北麓桐梓县，自南向北贯穿綦江区全域，汇聚多条次级河流，于江津区仁沱镇汇入长江。大溪河发源于金佛山西南侧南川区南平镇，并向东汇入乌江；"多支"，即塘河、黎香溪、驴子溪、安家溪、大东溪、黄墩溪、五布河和一品河8条一级支流，笋

溪河、丁山河、杜市河、鹅公溪、扶欢河、观音河、郭扶河、箭溪、芦沟河、民福溪、蒲河、清溪河、狮头河、石梁河、通惠河、小槽河、新盛河、羊渡河、油江河、藻渡河、镇紫河 21 条二级支流，以及众多次级支流。

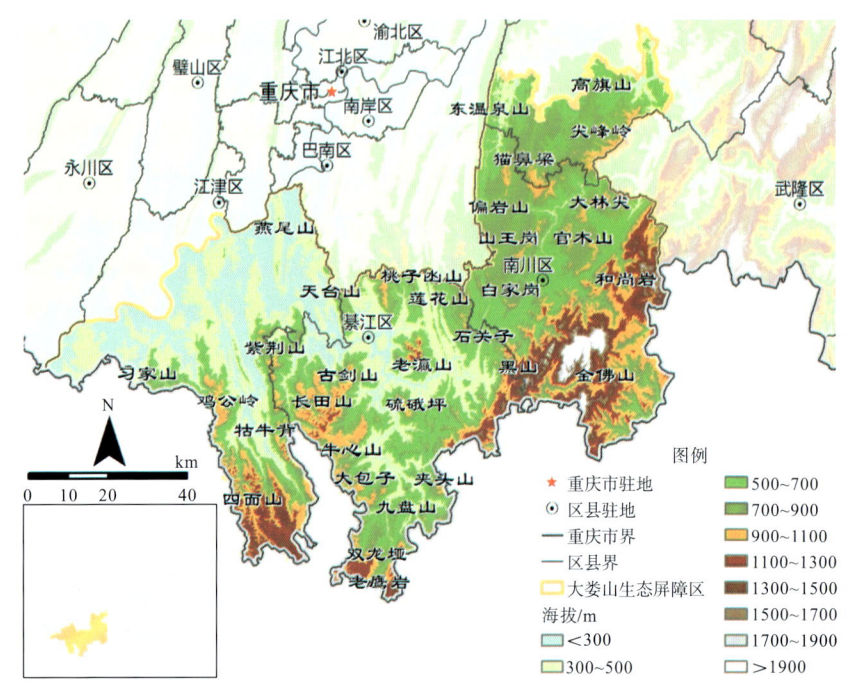

图 7-33 大娄山生态屏障区地形图

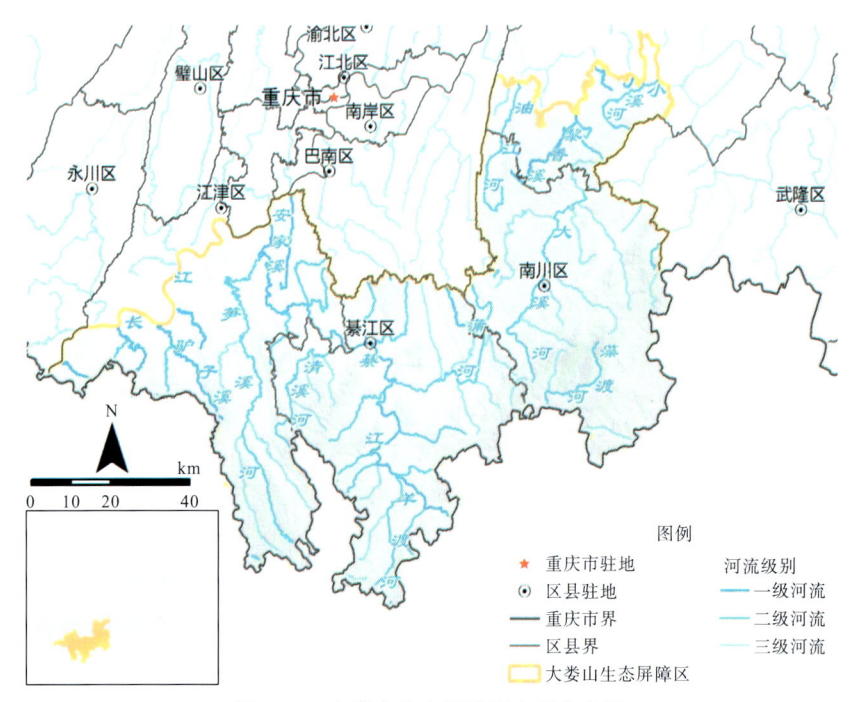

图 7-34 大娄山生态屏障区水系分布图

3.森林、灌丛生态系统分布较广，生物多样性丰富

区内自然生态系统占有巨大空间优势，尤其森林、灌丛二者占比约54%，为区域良好的生态本底奠定了物质基础。据统计，森林生态系统面积为3784.77km²，占比43.30%；灌丛生态系统面积为912.54km²，占比10.44%；草地生态系统面积为370.61km²，占比4.24%；湿地和其他生态系统总面积约142.47km²，占比较少（表7-6）。

表7-6 大娄山生态屏障区生态系统类型统计表

生态系统分类	面积/km²	比例/%
其他生态系统	20.10	0.23
农田生态系统	2848.63	32.59
城镇生态系统	681.78	7.80
森林生态系统	3784.77	43.30
湿地生态系统	122.37	1.40
灌丛生态系统	912.54	10.44
草地生态系统	370.61	4.24
合计	8740.80	100.00

空间上，海拔700m以上的山地分布有60%的森林和灌丛，二者交错分布，如南川区南城街道、金山镇、头渡镇、南平镇的金佛山，万盛经开区的黑山镇、石林镇，綦江区的石角镇、中峰镇，江津区的四面山镇、中山镇等地。80%以上农田集中分布于海拔800m以下的相对平坦区域，如江津区长江南侧的石蟆镇、白沙镇、龙华镇、先锋镇，綦江区綦江河谷两侧的石角镇、东溪镇、扶欢镇，南川区金佛山北麓的南平镇、南城街道、楠竹山镇等大部分区域（图7-35）。

区内自然植被茂密，森林覆盖率高，动植物资源丰富。根据生物多样性评估结果，南川区、江津区生物多样性较为丰富，拥有众多珍稀濒危动植物。尤其，南川区金佛山是我国中亚热带常绿阔叶林森林生态系统最完好和生物多样性最富集的地区，分布有国家一级保护珍稀植物4种，包括银杉、珙桐、水杉、人参；国家二级保护珍稀植物18种，包括金佛山兰、荷叶金钱、长瓣短柱茶、櫰棕、巴山榧、三尖杉、连香树、独蒜兰、峨眉黄连、杜仲、福建柏、银杏、胡桃、鹅掌楸、巴东木莲、狭叶瓶尔小草、木瓜洪、水青树。江津区四面山也被称为同一纬度上保存最完好的亚热带常绿阔叶林区，分布有稀有保护植物19种，其中珍贵的中华双扇蕨、鹅掌楸、葵花松、福建柏等被称为"活化石"，被联合国专家誉为"难得的物种基因库"。动物方面，区内分布有国家重点保护的豹、云豹、猕猴、水獭、大灵猫、小灵猫、林麝、毛冠鹿、弹琴蛙、玉带海雕、灰金丝猴、红腹锦鸡、太阳鸟、红腹角雉等，物种资源极为丰富。

在生态保护方面，区内现有生态保护红线1346.93km²，占比15.41%，并以南川区头渡镇、金山镇、南平镇、德隆镇、山王坪镇，万盛经开区石林镇、黑山镇，綦江区石角镇、郭扶镇、永新镇，江津区四面山镇、中山镇、塘河镇、永兴镇、白沙镇分布较多（图7-36）。

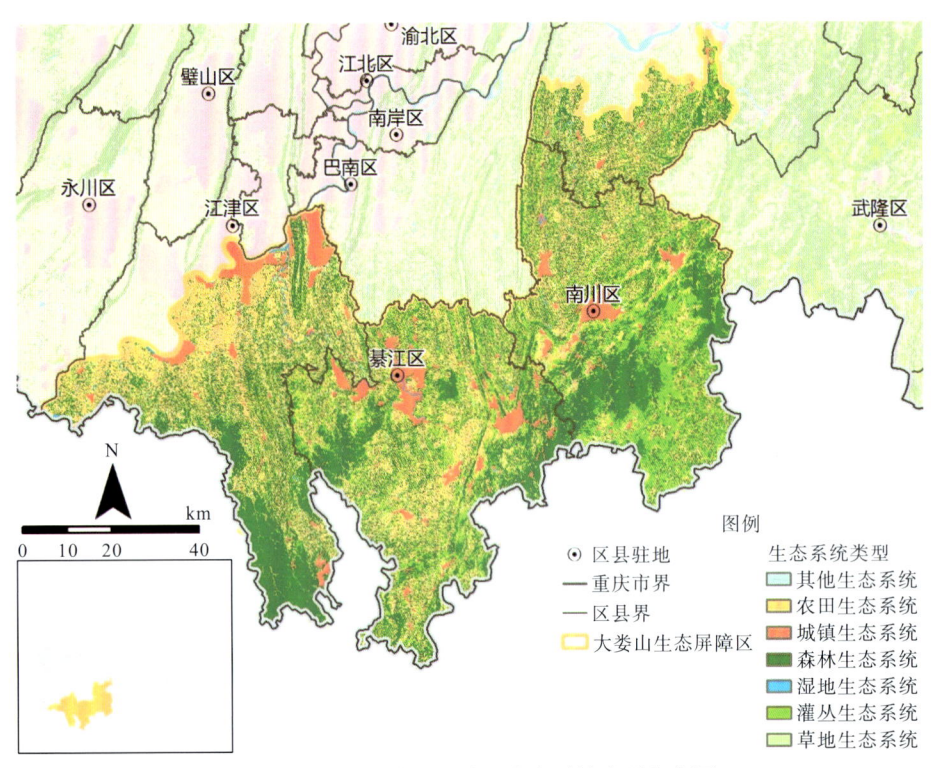

图 7-35 大娄山生态屏障区生态系统类型分布图

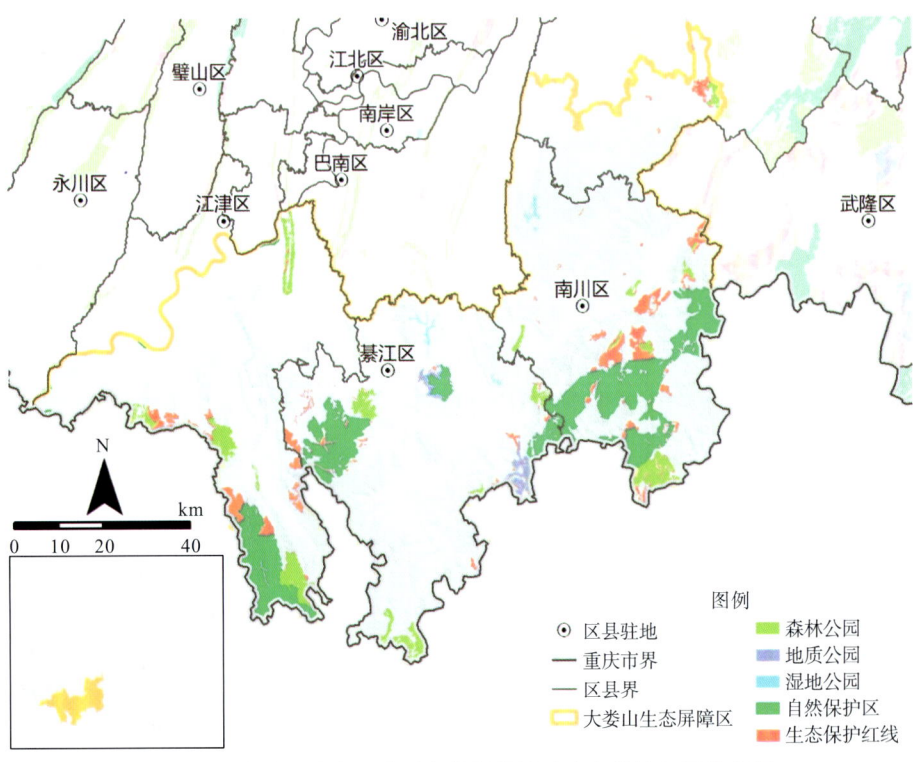

图 7-36 大娄山生态屏障区自然保护地及生态保护红线分布图

4. 农田生态系统规模较大，平坦耕地分布较少

区内以农田生态系统为主，面积为 2848.80km²，占比 32.59%；其中耕地总面积为 2605.18km²。空间上，28.44%分布于江津区，25.32%分布于南川区，34.70%分布于綦江区，11.54%分布于涪陵区，分布零散。据统计，6°～15°的坡耕地面积为 1241.50km²，占比 47.66%；15°～25°的坡耕地面积为 617.60km²，占比 23.71%；25°以上坡耕地面积为 469.41km²，占比 18.02%，坡度小于 2°的平坦耕地较少，占比不足 3%(图 7-37)。

区内海拔 800m 以上的耕地和园地面积 528.00km²，其中耕地面积 492.21km²，占比 18.90%，园地面积 35.79km²，占比 1.37%，主要分布在南川区的乾丰镇、石溪镇、福寿镇、黎香湖镇、木凉镇、骑龙镇、三泉镇、大有镇、庆元镇、合溪镇，綦江区的横山镇、郭扶镇、丁山镇、石壕镇、打通镇，以及江津区的四屏镇、柏林镇等乡镇。

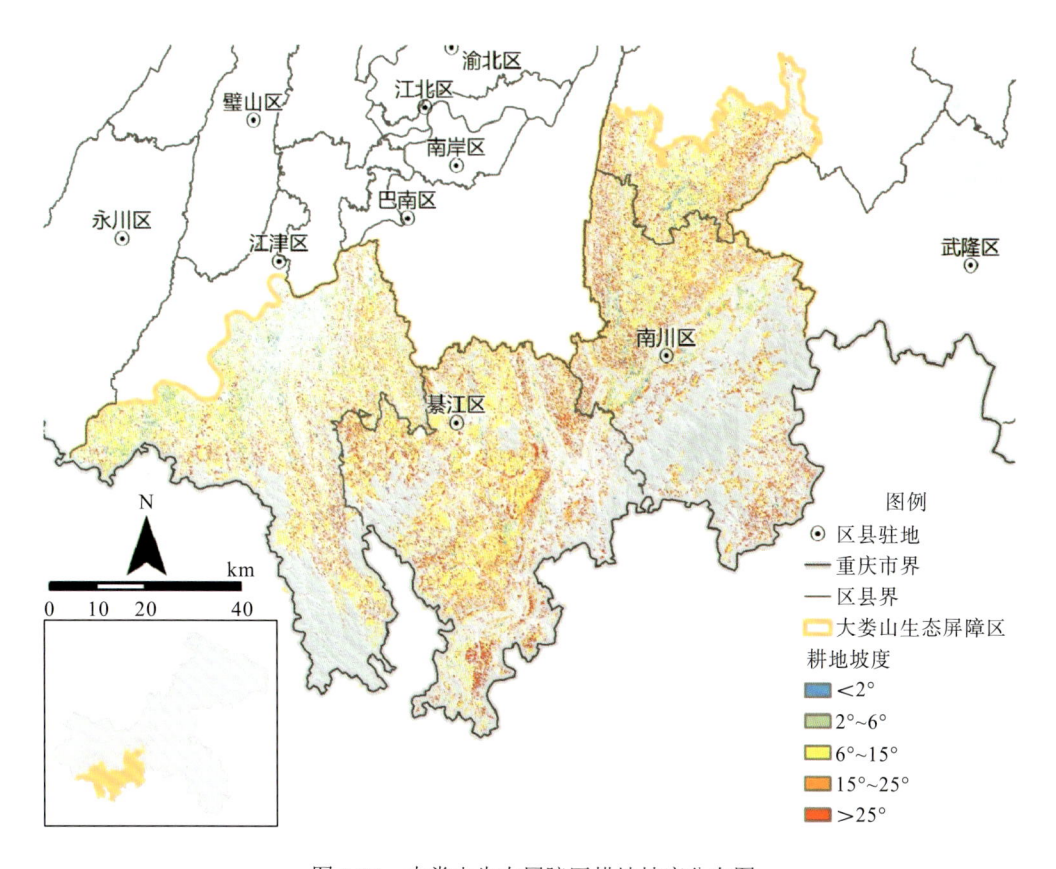

图 7-37　大娄山生态屏障区耕地坡度分布图

7.5.2　主要生态问题

1. 碳酸盐岩分布广泛，水土流失、石漠化风险较大

区内水土流失总面积为1994.49km²，占比 22.82%，但以轻度为主，面积为 1169.88km²，占水土流失总面积的 58.66%；中度水土流失面积为 454.32km²，占比 22.78%；强烈、极

强烈和剧烈侵蚀总面积为 370.29km²，合计占比 18.57%。空间上，水土流失区域集中分布于南川区金佛山北麓的水江镇、东城街道、南城街道、楠竹山镇、南平镇等乡镇街道以北的大片区域，并以轻度侵蚀为主。全区中度水土流失分布零散，不成规模。强烈及以上的高强度水土流失受人为活动影响强烈，主要分布于江津区珞璜镇、白沙镇，綦江区古南街道、永城镇，万盛经开区南桐镇。

区内碳酸盐岩广泛分布于南川金佛山、万盛经开区，以及綦江最南端的打通镇、安稳镇和石壕镇，并与水土流失存在一定空间重叠，水土流失一旦失控，极易导致原本未退化的碳酸盐岩石漠化，威胁当地的生态安全。同时，区内石漠化土地总面积为 361.97km²，并以轻度(160.12km²)和中度(189.67km²)为主，重度和极重度分布较少。空间上，石漠化土地集中分布于南川区的三泉镇、合溪镇、水江镇、东城街道、南城街道，万盛经开区的南桐镇、黑山镇、石林镇、丛林镇，以及綦江区的打通镇、安稳镇和石壕镇等地，石漠化治理需求突出。

2. 地质灾害分布广，影响大娄山区总体安全

区内地质构造复杂，地势起伏大，极易诱发地质灾害。据统计，区内地质灾害高易发区面积为 1392.72km²，占比 15.93%，并形成三处集聚区：一是分布于万盛经开区的丛林、南桐、青年、关坝，綦江区打通、石壕，以及南川区头渡等地；二是分布于綦江区的丁山、东溪等地；三是分布于江津区的四面山—四屏—柏林等地。区内共有地质灾害隐患点 1616 处，类型以滑坡为主，占比 74.07%，并在江津区嘉平镇、西湖镇、李市镇、贾嗣镇、支坪镇分布较为集中，风险较大。

3. 局部自然生态系统存在退化风险

在自然因素和人为因素双重作用下，区内以森林、灌丛为代表的自然生态系统的结构和功能发生变化，具有较高生态系统服务功能的类型转变为低生态服务功能的类型。森林、灌丛质量降低，生产能力下降，生态系统发生轻度、中度退化，如綦江区的安稳镇、赶水镇、关坝镇、隆盛镇，南川区的三泉镇、南城街道，江津区的塘河镇、永兴镇、四面山镇、珞璜镇、支坪镇等地，人类活动、石漠化、陡坡耕作、降水减少等对自然植被生长、恢复极为不利，使得生态系统质量降低，恢复力下降，发生退化。

4. 森林树种结构单一，抗风险能力弱

区内森林生态系统保存完好，水源涵养、生物多样性维护功能水平较高。除四面山、金佛山、双龙垭等海拔较高的山地分布有质量较高的森林外，其余地区马尾松林广泛分布，对林下植被生长极为不利，难以维育较高的生物多样性。据统计，区内马尾松林面积为 1806.77km²，占林地总面积的 37.24%，见表 7-7。空间上，需重点关注江津区的蔡家镇，綦江区的永新镇、关坝镇、石林镇、青年镇、赶水镇、隆盛镇，以及南川区的南平镇、南城街道、三泉镇、东城街道、楠竹山镇、骑龙镇、中桥乡、白沙镇、太平场镇、大有镇、庆元镇等马尾松大面积分布区域，推进森林结构优化提质。

表 7-7　大娄山生态屏障区树种类型统计

树种	面积/km²	占比/%
马尾松	1806.77	37.24
柏木	257.04	5.30
灌木	352.07	7.26
栎木	415.90	8.57
杉木	562.92	11.60
竹类	480.90	9.90
其他树种	976.54	20.13
总计	4852.14	100.00

5. 城镇建设挤占生态空间，生态保护压力较大

该区地处四川盆地与云贵高原接合部，属于喀斯特地貌，受山体的天然阻隔和河流影响，城镇形态以团状、带状为主，城镇建设多沿山谷、河流分布。城镇建设和发展对周边的自然边界形成挤压，破坏了山水格局，形成了山水夹城的状态，且城镇建设紧靠河岸，对河岸线景观造成挤压，威胁河流水质安全，给生态保护带来了巨大压力（图 7-38 和图 7-39）。

图 7-38　南川城区遥感影像图

图 7-39　綦江城区遥感影像图

6. 历史遗留及关闭矿山生态修复压力大

矿区分布广泛，呈一条主线分布在大娄山区东南部，主要分布在万盛、綦江、南川，受采煤活动干扰，局部地面出现不同层级的塌陷与变形，含水层受损，地表水漏失，严重影响村民生产生活。大娄山区现存历史遗留及关闭矿山面积 5.36km^2，其中未治理矿山 2.74km^2，类别有钙粉厂、硫铁矿、煤、采石、铁矿等，以煤矿为主。近年来，大量的人为开采，导致废弃矿山数量增多。矿山开采破坏了地形地貌景观，导致出现地表位移、土地压占等地质环境问题，严重减弱了区域生态环境承载力，降低了山体水源涵养能力，诱发水土流失，废弃矿山生态修复任务仍然艰巨。空间上，需重点关注万盛经开区的南桐镇、丛林镇、青年镇，南川区的水江镇、南城街道、古花镇、南平镇，綦江区的打通镇、赶水镇、石壕镇、安稳镇等矿山大面积分布区域，推进废弃矿山综合治理。

7.5.3 重点区域识别

大娄山生态屏障区水热条件良好，生物资源丰富，森林植被茂密，是重庆重要的水源涵养区，主要发挥中心城区生态屏障作用。结合区域江河纵横、水网发达、生物多样性富集等本底资源特征，立足该区水源涵养、生物多样性保护等重要生态功能，综合考虑马尾松纯林分布广、森林结构单一、水土流失和石漠化问题突出、采煤沉陷区面积大、地质环境严重破坏、人居环境品质较低等主要生态问题，挖掘该区生态保护修复后的潜在价值，共划定大娄山生态屏障区4个重点区域，包括綦江流域生态农田整治重点区、大溪河流域矿山生态修复重点区、綦江-万盛采煤沉陷区综合治理重点区、金佛山-四面山生物多样性保护重点区(图7-40)。

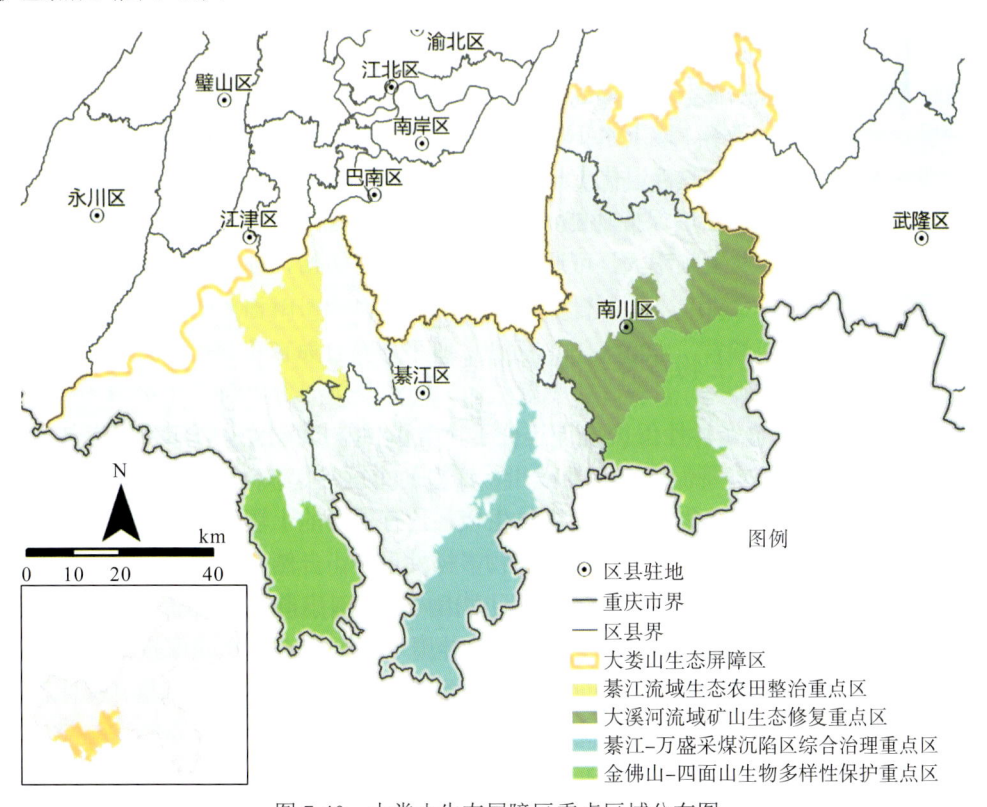

图7-40 大娄山生态屏障区重点区域分布图

1. 綦江流域生态农田整治重点区

綦江流域生态农田整治重点区地处大娄山生态屏障区西北部，包含綦江、安家溪等重要河流，共涉及江津区的先锋镇、支坪镇、西湖镇3个乡镇。本区域25°以上坡耕地分布广泛，水土流失和面源污染问题交织，农村人居环境有待改善，需重点推进田水路林村综合治理，稳步实施美丽宜居乡村建设，加强农田生态基础设施建设，改善土壤保水、保肥能力，提升耕地质量和增强农田生态功能。

8.57万 m³/s（1981年7月16日），最小流量2270m³/s（1978年3月24日），多年平均流量10930m³/s，年径流总量3566亿 m³，水量丰富。

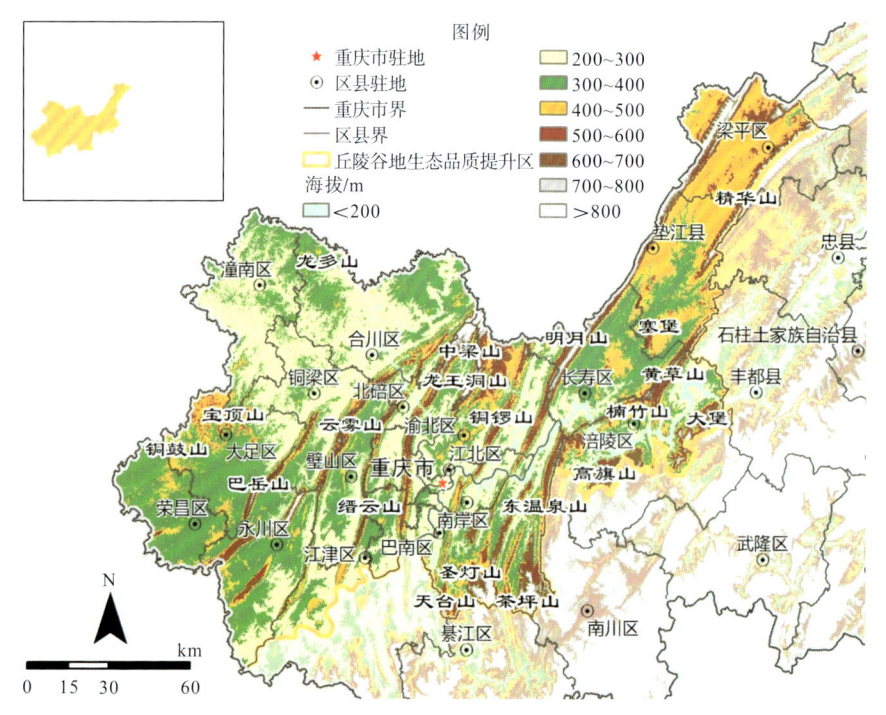

图 7-41　丘陵谷地生态品质提升区地形图

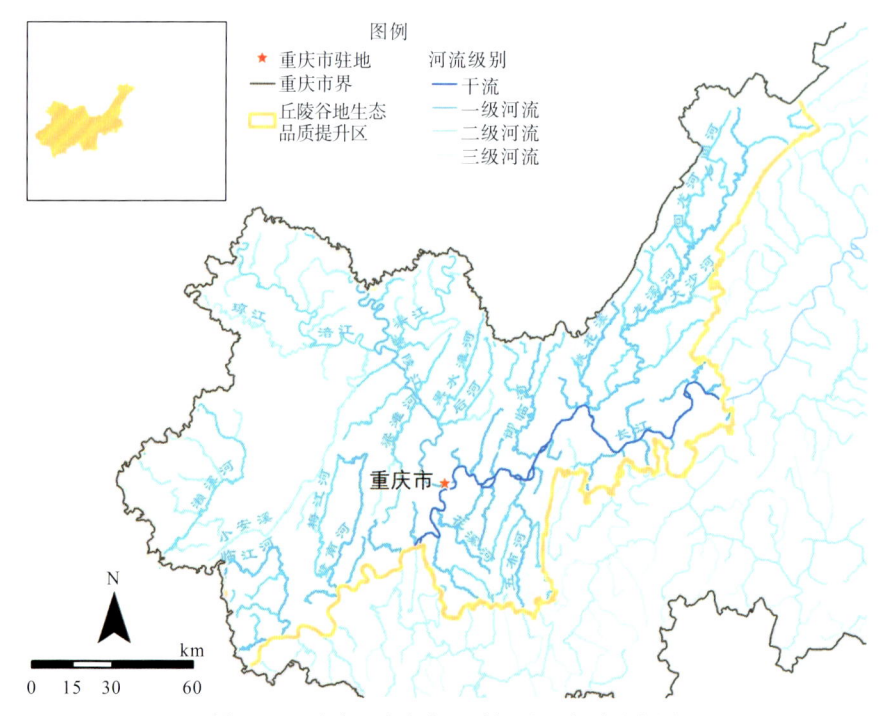

图 7-42　丘陵谷地生态品质提升区水系分布图

嘉陵江又称为"渝水"，从北碚区澄江镇入境，流经北碚区、渝北区、沙坪坝区、江北区和渝中区，于渝中区朝天门汇入长江。在南流途中，横切云雾山、缙云山、中梁山，形成沥鼻峡、温塘峡和观音峡，即俗称的嘉陵江小三峡。嘉陵江中心城区段江面宽窄不一，峡谷段江面宽仅110～220m；峡谷段之外的河段，河谷宽300～500m，并有碛石、沱湾、江滩分布。嘉陵江北碚水文站实测最大流量44800m³/s(1981年7月16日)，最小流量242m³/s(1980年2月26日)，多年平均径流总量668.6亿m³。

区内有直接入长江的一级河流32条，除嘉陵江，还有御临河、朝阳河、朝阳溪、大溪河、花溪河、苦溪河、桥溪河、双河、双溪河、跳蹬河、五布河等；二级河流44条，包括涪江、渠江、濑溪河等。

3. 人工生态系统空间占比超六成，人类活动强烈

丘陵谷地生态品质提升区是全市人类活动的主要场所，首先人工生态系统占比高，62.80%的区域为人工生态系统覆盖，其中，农田生态系统面积为9112.71km²，占比40.93%；城镇生态系统面积为4869.03km²，占比21.87%；自然生态系统面积为8281.52km²，占比37.20%，其中，森林生态系统占有主导地位，为5667.82km²，占全区比例25.46%。其次为草地生态系统，占全区比例4.38%；灌丛占全区比例4.12%；湿地占全区比例3.14%；其他生态系统规模较小，仅占0.1%(图7-43)。

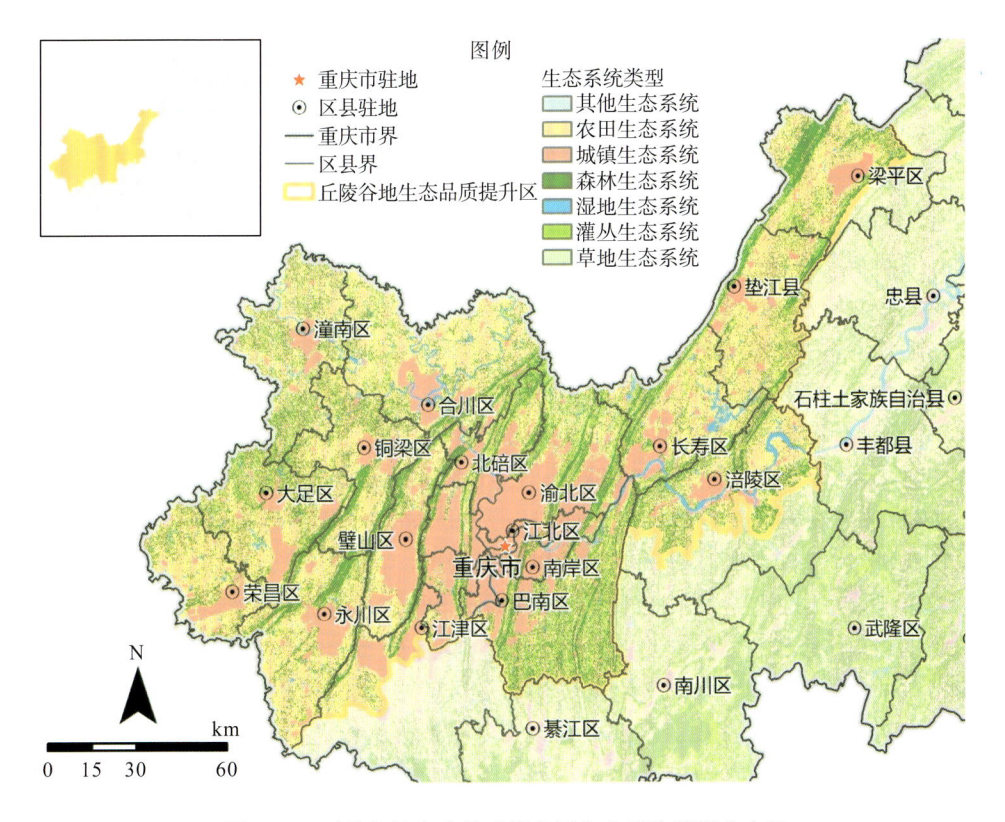

图7-43 丘陵谷地生态品质提升区生态系统类型分布图

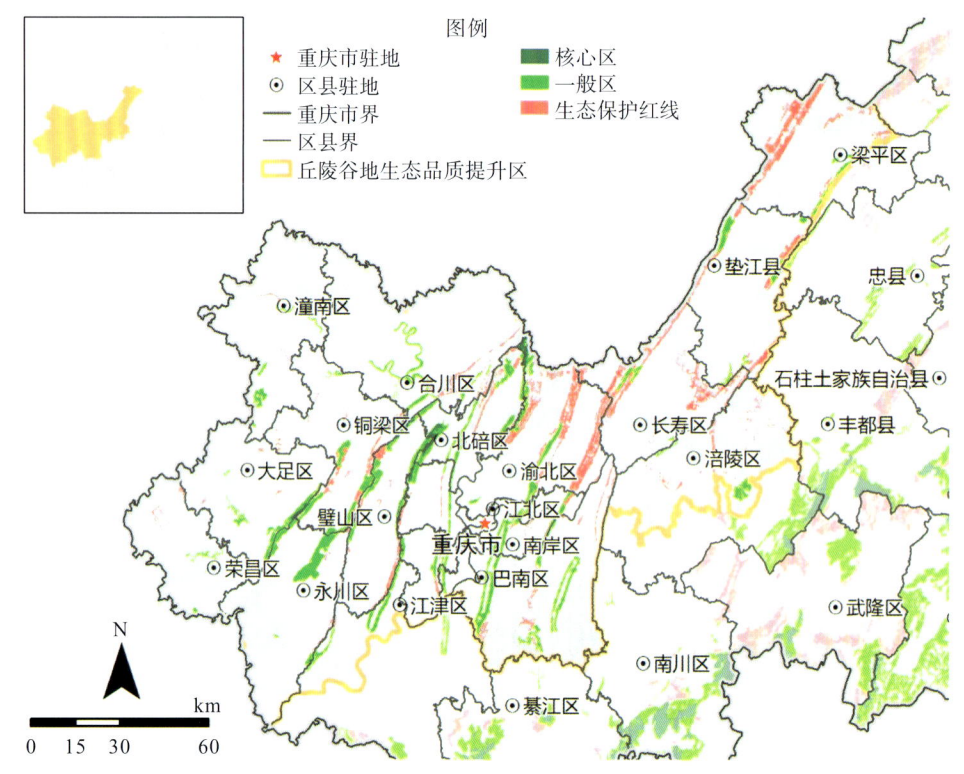

图 7-45　丘陵谷地生态品质提升区自然保护地及生态保护红线分布图

5. 经济发展迅速，人口逐渐向中心城区集聚，生态压力增大

区内经济发展迅速且高度集中（图 7-46），2019 年区内的 GDP 达 18044.10 亿元，占全市经济总量的 76.44%。GDP 近半数集中于中心城区的渝北区、九龙坡区、江北区、沙坪坝区、渝中区等区县。结构上，2019 年全市三产贡献率依次为 3.4%：45.3%：51.3%，

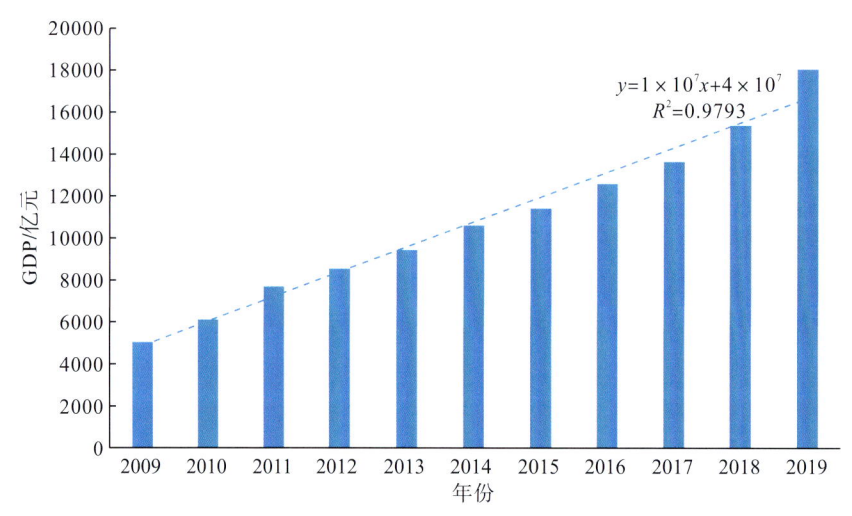

图 7-46　2012～2019 年丘陵谷地生态品质提升区经济变化图

较 2009 年，第二产业贡献率降低 15.7%，工业贡献率降低 16.9%，去工业化特征明显。中心城区的部分区县工业贡献率降低较为显著，渝北区工业产业占比减少 18.76%，九龙坡区减少 13.69%，沙坪坝区减少 19.12%，巴南区减少 23.39%，南岸区减少 16.15%。

本区作为人类生产活动最为频繁的区域，截至 2019 年，区内户籍人口总数达 2036.64 万人，常住人口达 2061.86 万人，占全市人口近六成。2012～2019 年，区内人口持续增长，户籍人口年均增长 19.23 万人，常住人口年均增长 31.80 万人（图 7-47），表明区内人口逐渐集聚，外来人口不断增加，由此对生态保护修复提出了更高的要求，生态压力增大。

	2012年	2013年	2014年	2015年	2016年	2017年	2018年	2019年
户籍人口/万人	1902.04	1911.17	1920.59	1925.62	1941.79	1946.67	1961.63	2036.64
常住人口/万人	1839.28	1868.91	1893.89	1927.01	1958.06	1982.78	2003.71	2061.86

图 7-47　2012～2019 年丘陵谷地生态品质提升区人口变化图

7.6.2　主要生态问题

1. 两江沿岸地表硬化，生态与景观功能降低

城市河流是城市环境的重要部分，往往作为城市的标志之一，具有城市供水、排洪及娱乐等多种作用，对城市的经济发展和生态保护具有十分重要的意义。区内长江和嘉陵江交汇，为利于城市防洪泄洪，防治滑坡，同时节约城市土地资源，滨江岸线修建了大量直立式人工护堤或高架式滨江快速通道。河流岸线机械实施"两面光""三面光"建设模式，使得河流断面单一、生硬，导致水生态和水景观遭到严重破坏，割裂了陆域生态系统和水域生态系统之间的联系，严重毁坏了河流生态链，打破了河流生态动态平衡，大大降低了河道自身自净能力，不利于生物多样性的维育，降低了岸线的生态系统服务功能。

沿江岸线建设品质较低，部分滨江公共空间为快速路、直立式挡墙和高架桥所分割，长江边上高架"插足"，"肋骨"成排，"堵墙"遍布现象频发，市民"亲水难"、难"亲水"，与腹地缺少必要的步行联系通道，行人难以到达江岸，亲水性不够。部分滨江地区建设趋于平板化，部分建筑体量简单、造型呆板、立面粗糙，缺少必要的视线通廊，遮山挡水、景观单调，空间体验不佳（图 7-48）。

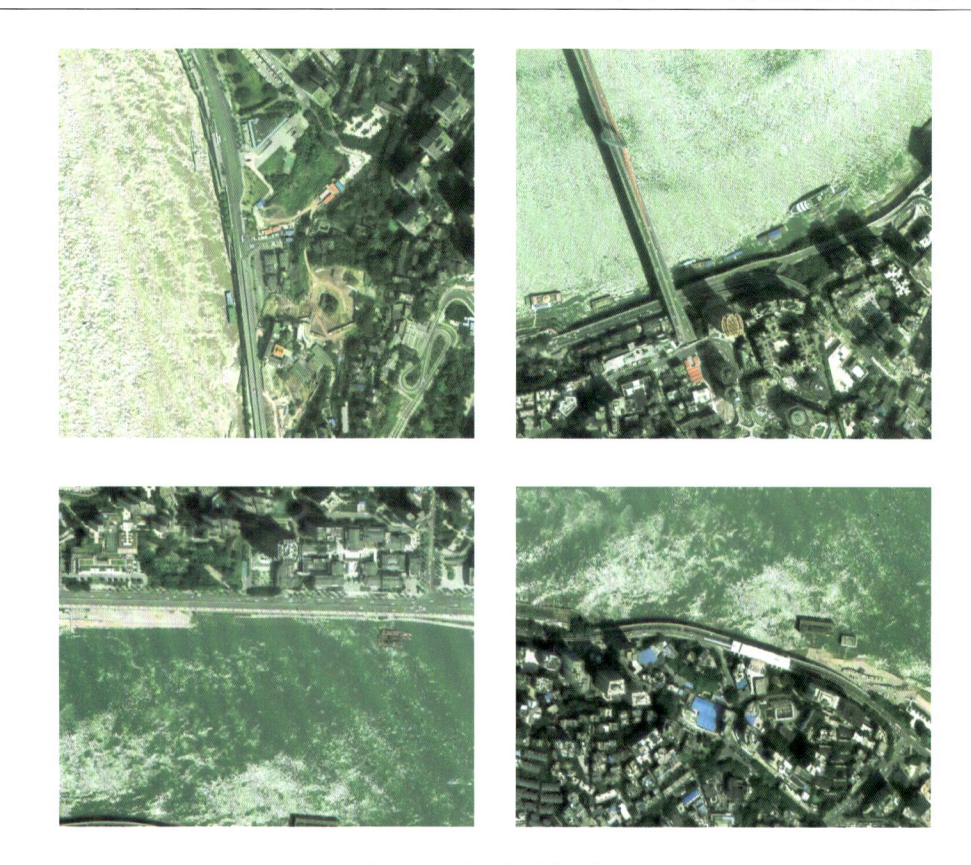

图 7-48 滨江路遥感影像图

2. 城市建设对自然地理景观格局重视不够，安全隐患较大

在与地域性环境特征进行磨合、协调的过程中，山地城镇所处的自然地理环境与历史人文背景造就了山地城镇灵动、和谐以及具有乡土气息的城市景观面貌。在山地城市设计中，充分考虑城镇所在地域的环境特征，使城镇人工环境与自然环境能够紧密配合，是山地城市设计成败的关键。

重庆自古以来就有"山城"之称，区内分布有大量高低不一的山丘，山地丘陵是最基本的地形特征。随着人口不断向中心城区集聚，对生产、生活空间的诉求不断扩大。由于历史遗留原因，城市建设对自然地理景观格局考虑不够，受地形条件限制，普遍存在"逢山平山、遇水填水"的突出问题，遮山挡水、挖山填水、切山断水时有发生，形成大量堡坎和崖壁，不仅影响城市美观，而且地理景观长期处于裸露状态，受雨水冲刷，将导致土层剥落、岩石风化，影响安全。

未来城市建设应当参照德国斯图加特的城市建设形式，将路网结构和道路形式充分与既有的地形耦合，尽量使道路与等高线相契合，充分尊重自然地理格局。按照用地与周围山体、河流等的空间关系，来划分空间、组织功能，因地制宜、随形就势地谋划城市功能布局和用地结构。

3. 城市扩张压缩自然生态空间，引发生态物质流通不畅

在诸多政策引导下，重庆中心城区的人口和城市规模迅速膨胀。受地形限制，初期城市扩张基本沿条形山脉的槽谷分布，形成"有机分散、分片集中"的"多中心、组团式"城市布局。随着"两江新区""东部智慧城""西部科学城"等启动建设，城市发展向北突进龙王洞山、向东跨越铜锣山、向西穿越中梁山、向南贯通长江，使得中心城区城市扩张突破了山体和江河限制，城镇化进入加速期。

据统计，2015～2019年中心城区内用地结构呈现出由自然用地向人工用地转变趋势（图7-49）。以林草覆盖为代表的自然空间面积减少，房屋建筑、铁路与道路等人工用地面积扩大。林地与草地减少135.09km²，减少比例达4.39%；而人工用地的面积均有所增加，大片的硬化地表不断压缩、切割着生态空间，自然空间趋于碎片化，导致生态系统质量降低，生物多样性维育受到直接威胁。

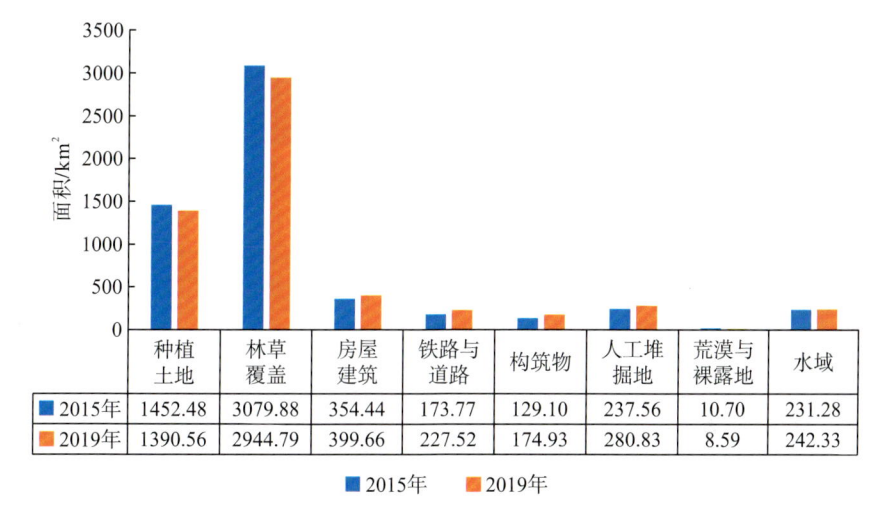

	种植土地	林草覆盖	房屋建筑	铁路与道路	构筑物	人工堆掘地	荒漠与裸露地	水域
2015年	1452.48	3079.88	354.44	173.77	129.10	237.56	10.70	231.28
2019年	1390.56	2944.79	399.66	227.52	174.93	280.83	8.59	242.33

图7-49　2015年、2019年中心城区土地利用类型统计图

根据重庆市新一轮国土空间总体规划的布局，在可期的西部槽谷发展中，原自然、半人工生态系统将会受到剧烈冲击。由于存在城市中心场和廊道效应场，在单纯经济利益驱动下，城市本质上存在"摊大饼"的倾向，将对生物多样性保护、生态功能维护有巨大负面影响，严重破坏城市景观结构与生态平衡。因此，在西部科学城的建设过程中应提前预留生态廊道，贯通生态网络。在人工廊道之间建立以植被带为主的自然廊道区，利用河道、水面、集约化菜蔬基地和大型森林公园等形成楔状绿地插入建成区内部，实现高品质、高质量发展。

国家层面的"成渝城市群一体化发展"战略与重庆市的"一区两群"区域协调发展战略都将渝西地区作为重点区域纳入一体化规划建设中。总结过去的发展经验，在未来可预见的发展过程中，"摊大饼"式的城镇化发展模式还将持续。快速的城镇化、工业化发展将使区内土地利用结构发生剧烈变化，不断挤占自然生态空间，耕地、林地、湿地等半自然、自然用地不断减少，不仅影响生物的生存、迁徙、繁衍，阻碍生态系统间的物质

交流，还会降低自然生态系统水土保持、水源涵养、气候调节等生态服务功能。同时，人口聚集，能量与资源大量消耗引发的水环境安全、土壤污染、大气污染，以及固体废弃物污染等问题，都将对生态系统的结构和功能产生极大的负面影响(图7-50)。

图7-50　潼南区中部居民点点状、带状分布影像图

明月山和精华山作为连接渝东北大巴山和中心城区"四山"重要的生态廊道，是生态网络的关键部分，不仅是生物物种的主要活动范围和重要栖息场所，更为物种的生存、繁衍提供重要保障，对于生物物种的丰富度、迁移与扩散具有重要作用，具有极重要的生态功能和生态价值。

在城镇开发建设中，必须加强生态廊道所经区域的管控。梁平区和垫江县城区建设紧邻两条山脉，城镇建设不可避免侵占生态空间，频繁的人类活动对动植物的原生生境造成干扰，对区域生物多样性保护造成负面影响(图7-51)。

图7-51　精华山人为干扰遥感影像示意图

4. 三江流域农业生产集中，存在面源污染风险

渝西地区作为全市重要的农业生产区，耕地面积占全市47%，特别是北部的三江流域（涪江、嘉陵江、渠江）水资源充沛、立地条件好，仅潼南、铜梁和合川的耕地面积就达2630.48km²，占全区耕地半数以上，农业生产相对集中，农药、化肥不断施用，存在农业面源污染风险。

2003~2019年，化肥施用量由20.22万t增加到25.21万t，平均施用量达到每平方千米耕地43.66t，农药施用量处于高位，减量使用不足（图7-52）。2019年，潼南区、铜梁区和合川区的农业化肥用量就达9.78万t（表7-9），在地表径流作用下，存在较大面源污染。永川区、铜梁区和江津区的化肥用量超过平均化肥用量，尤其永川区，平均用量达到86.91t/km²，是国家用量的2倍多。大量农药和化肥施用将导致地下水氮磷含量增加，出现水体富营养化。同时，也会导致部分地区蔬菜、水果中的硝酸盐等有害物质残留超标，威胁人们的身体健康。

图7-52 渝西地区农药用量统计图

表7-9 渝西地区化肥用量统计表

区县	农业化肥用量/t	耕地面积/km²	化肥平均用量/(t/km²)
江津区	48354.00	873.41	55.36
合川区	29390.00	1155.96	25.42
永川区	56160.00	646.22	86.91
大足区	26990.00	695.46	38.81
璧山区	8996.99	333.21	27.00
铜梁区	35585.90	599.28	59.38
潼南区	32800.00	875.24	37.48
荣昌区	13790.00	583.25	23.64
总计	252066.89	5762.03	43.74
全国	5403.60万	134.90万	40.06

注：江津区耕地面积为全区耕地面积，包括大娄山生态屏障区内耕地。

5. 局部地区耕地破碎化和水土流失问题突出，土地整治需求大

受地形限制，区内东部的长寿、垫江、梁平分布有 25°以上陡坡耕地 208.66km²，占比 10.86%。空间上，主要分布于垫江县曹回镇、裴兴镇、周嘉镇，梁平区星桥镇、合兴街道、文化镇、明达镇、安胜镇、回龙镇，以及长寿区云集镇、洪湖镇等地。根据景观格局指数计算，该区域耕地斑块密度值整体处于较高水平，表明该区域耕地破碎化较高，需因地制宜，加强耕地综合治理，提升耕地质量水平。

紫红色泥岩、砂质页岩及泥岩和砂岩互层状地层广泛分布于区内的西部与东北部的主要农产区，这类岩石容易风化，风化产物富含矿物营养，多被开垦为耕地，所形成的紫色土，质地黏重，持水性低，高强度的农业耕作和不合理的土地利用方式极易引发水土流失和石漠化。东部的长寿、垫江、梁平水土流失面积为 1177.45km²，占比 27.17%，类型以轻度侵蚀和中度侵蚀为主，总面积 1080.10km²，占比 91.73%。中度侵蚀区域主要沿西侧明月山脉和东侧精华山脉、黄草山脉分布；岩溶土地面积为 537.76km²，石漠化发育不明显，仅 31.18km²。岩溶土地分布与中度水土流失分布区高度一致，主要分布于两侧的明月山、精华山、黄草山的梁平区回龙镇、垫江县沙坪镇、新民镇、桂溪街道、桂阳街道、太平镇、普顺镇、永安镇等地。空间上，水土流失与岩溶区相互交织影响，需加强水土流失治理，避免生态恶化。

6. 梁平区灌溉设施分布密度不高，存在水土失衡的风险

区内降水充沛，河流纵横，水资源丰富，水利设施建设相对完善。空间上，梁平区水利设施分布较少，且库容量不高，境内无大型水库，仅拥有 3 个中型水库、75 个小型及其他水库，总库容量 11177.21 万 m³，仅占全区总量的 5.19%。这与梁平区 603.98km²，占比 31.43%的耕地资源分布不匹配，可用水资源量相对偏少，农业灌溉用水压力较大，存在水土失衡风险。

7. "四山"地区人类干扰活动强烈，生态服务价值降低

"四山"是中心城区及邻近区域内森林覆盖率最高的区域。"四山"由华蓥山主峰逶延南下，楔入城市开发建设用地，成为独具特色的城市绿色屏障，平均高出城市地区 300m，是俯瞰山城美景、登高览胜的天然观景台。"四山"地区拥有各类生态保护区 21 处，是中心城区 14 条主要支流的发源地，7 处水库分布其中，长江、嘉陵江切割处呈现秀丽的峡谷景观。"四山"地区在保持水土、涵养水源、净化空气、调节气候和抗御自然灾害、降低城市热岛效应等方面都发挥着重要作用，被誉为"都市绿肺"。"四山"也是历史文化资源的富集地，分布有黄山抗战遗址、林园等 3 处传统风貌片区，7 处国家级、14 处市级重点文物保护单位和 5 项国家非物质文化遗产。

强烈的人类活动干扰，导致"四山"生态服务功能降低。据统计（表 7-10），"四山"范围内现状建设用地面积 12677.95hm²，其中村庄建设用地 7910.77hm²，占比 62.4%；城镇建设用地(含城市和镇)2039.69hm²，占比 16.1%；采矿用地 1597.62hm²，占比 12.6%；还有少量区域交通设施用地、区域公用设施用地、特殊用地等，生态空间被挤占问题严重，

对生物多样性保护、生态系统的服务，包括气候条件、休闲游憩功能影响巨大。同时，传统依靠矿产资源的发展方式逐渐被淘汰，废弃矿山数量较大。据统计，"四山"地区有废弃矿坑 700 余处(图 7-53)，形成了"四山"生态环境的一个个"伤疤"，自然生态系统总体格局遭受破坏(图 7-54)。

表 7-10　中心城区"四山"地区现状建设用地一览表

用地代码		用地名称	用地面积/hm²	占城乡用地比例/%
H1		城乡居民点建设用地	9950.46	78.5
	H11	城市建设用地	1668.72	13.2
	H12	镇建设用地	370.97	2.9
	H14	村庄建设用地	7910.77	62.4
H2		区域交通设施用地	704.45	5.6
H3		区域公用设施用地	140.72	1.1
H4		特殊用地	80.48	0.6
H6		采矿用地	1597.62	12.6
H9		其他建设用地	204.22	1.6
		合计	12677.95	100.0

资料来源：中国城市规划设计研究院. 重庆中心城区四山生态休闲游憩规划[R]. 2017.

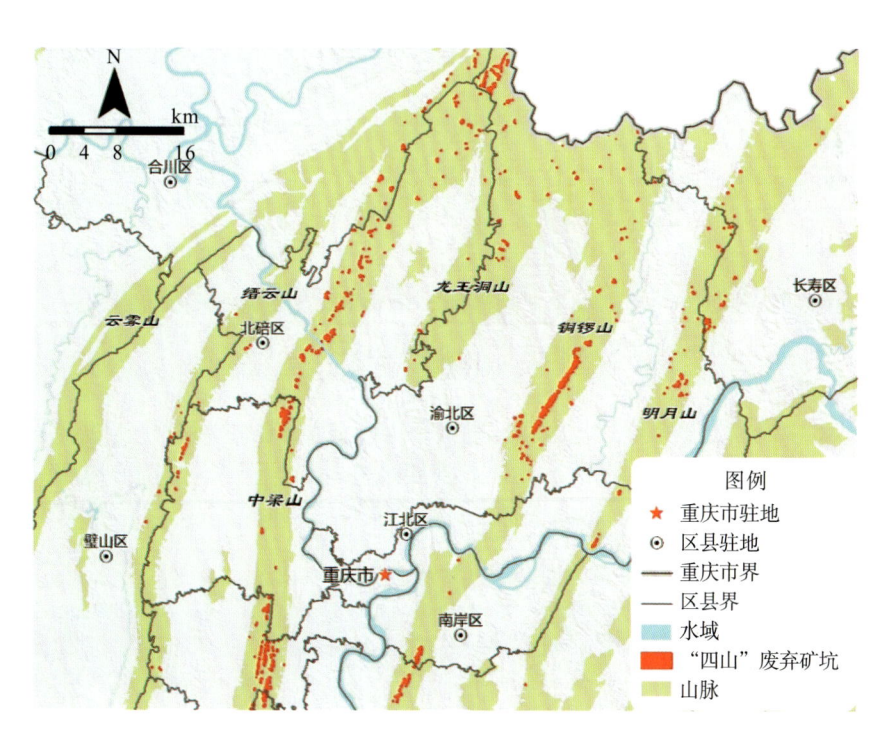

图 7-53　中心城区"四山"废弃矿坑分布图

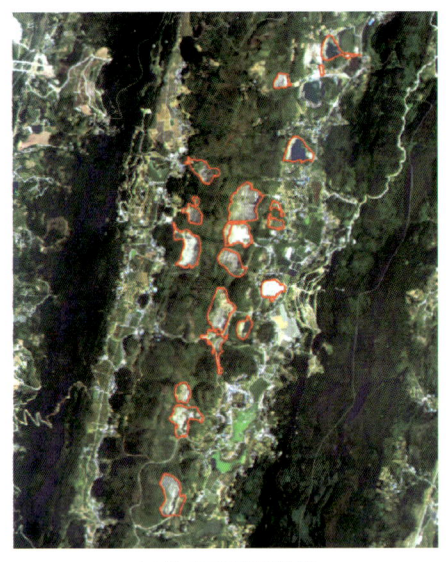

(a) 沙坪坝区中梁镇　　　　　　(b) 九龙坡区白市驿镇、华岩镇

图 7-54　中梁山废弃矿坑遥感影像图

8. 自然与人工生态系统交织，蓝绿设施连通性不足

以自然或半自然形式存在的蓝绿设施是城市自然因素的综合，可调节城市气候、净化空气、吸收噪声、减少城市热岛效应，促进人与自然环境和谐、平衡的发展，是城市生态环境的主要调节器。

中心城区内"四山""两江"穿城而过，是中心城区难得的大型蓝绿基础设施，对城市格局演变有着直接的影响。由于历史城市建设缺乏系统性、整体性考虑，对蓝绿基础设施布局思考深度和广度不够，现状的蓝绿基础设施多呈点状分布，如照母山森林公园、鸿恩寺森林公园、园博园、中央公园、彩云湖湿地公园等。城市建设生态留白和生态隔离带建设不足，导致龙王洞山—中央公园—园博园—照母山(九曲河)绿色基础设施通道被金州大道、金兴大道、金山大道、同茂大道等主干道路阻隔，"四山"与城市内部的连接联系被切断(图 7-55)。

城市河流岸线保护效果不佳，岸线被侵占、压盖，近60%的河流存在加盖现象，如盘溪河被松石大道压盖，城市内部的水体，如人和水库、长田沟水库、金山蔡家沟水库等，与"两江"连接中断。

9. 森林林种结构不合理，抗风险能力不足

区内森林总量丰富，但林种结构不合理，纯林占比过高，存在生物多样性丧失、地力衰退等生态风险。据统计，区内针叶树种规模最大，面积约 3174.56km^2，占比 35.64%，其中，马尾松面积 1748.6km^2，占比 19.63%，是主要的针叶树种；阔叶树种面积 1799.18km^2，占比 20.20%。竹林树种面积 1910.88km^2，占比 21.45%，以丛生杂竹类为主；经济树种面积 1769.87km^2，占比 19.87%；其他灌木树种面积 252.63km^2，占比 2.84%(表 7-11)。

第 7 章 市域生态保护修复分区

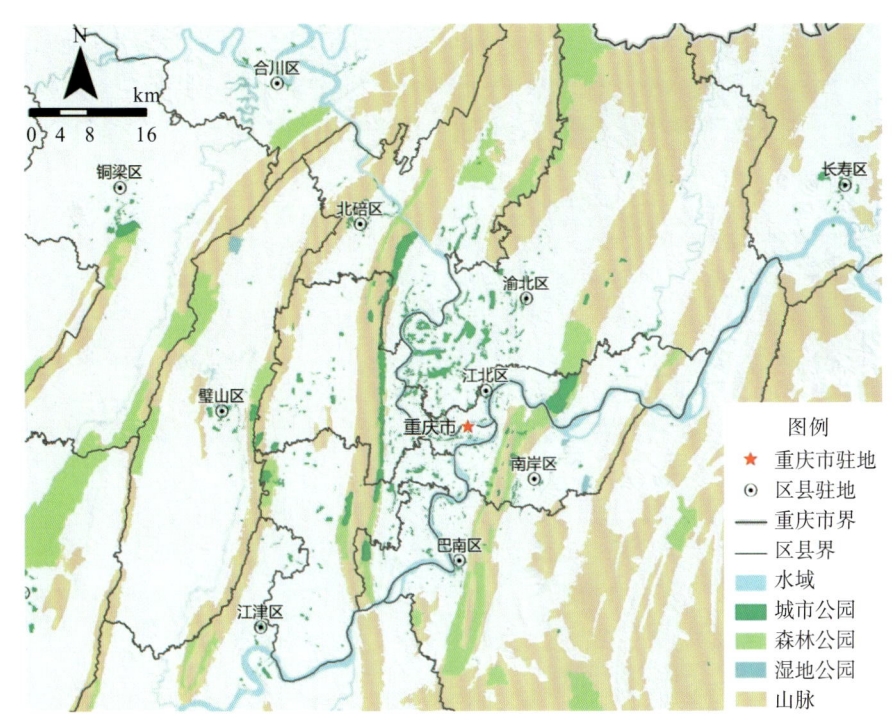

图 7-55 丘陵谷地生态品质提升区蓝绿设施分布图

表 7-11 丘陵谷地生态品质提升区树种类型统计表

树种类型		面积/km²	占比/%
针叶树种	马尾松	1748.60	19.63
	柏木	1212.97	13.62
	其他针叶树种	212.99	2.39
阔叶树种	桉树	261.98	2.94
	栎类	242.22	2.72
	其他阔叶树种	1294.98	14.54
竹林树种	—	1910.88	21.45
经济树种	果树类	332.93	3.74
	食用原料类	270.25	3.03
	其他经济类	1166.69	13.10
其他灌木树种	—	252.63	2.84
	合计	8907.12	100.00

马尾松林抗逆性差，一旦松材线虫暴发，极易造成大片森林死亡，威胁地区生态稳定。空间上，马尾松林集中分布在云雾山、巴岳山、主城"四山"及精华山等北东—南西向条状山脉之上，树种单一、结构单薄、林分单纯、林相单调问题突出，特别是梁平区的梁山街道、双桂街道、金带街道、和林镇、云龙镇，垫江县的普顺镇、永安镇、高安镇等地，马尾松占辖区树种 45% 以上，需重点关注森林结构优化，提高森林质量和稳定性。

区内森林主要分布于两处：一是西北侧潼南、大足等浅丘之上，树种多为柏木；二是璧山区大路街道、河边镇，铜梁区虎峰镇、维新镇，大足区邮亭镇等区域，集中分布有桉树 204.19km^2，对区内森林生态系统稳定和水源涵养等有较大威胁，应当加强森林结构优化，提升森林质量（图 7-56）。

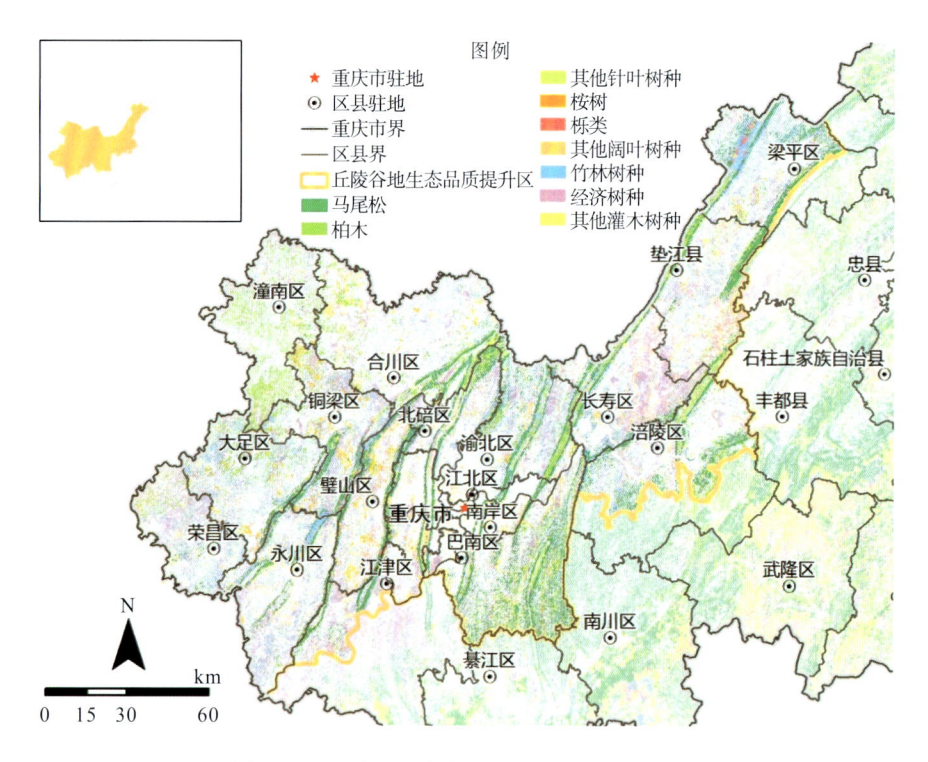

图 7-56　丘陵谷地生态品质提升区林种分布图

10. 关键性生态屏障保护压力较大

云雾山、巴岳山、阴山、箕山、黄瓜山及主城"四山"等北东—南西向的条状山脉海拔较高，森林资源丰富，是区内天然的生态廊道和生态屏障，关乎整个区域的生态物质流通和生态安全。区内农业耕作历史悠久，人类活动强度大、范围广，严重影响生物迁徙活动，对生态系统的负面干扰较明显，如巴岳山周边的铜梁区石鱼镇、南城街道，云雾山周边的合川区盐井街道、阴山周边的永川区红炉镇、黄瓜山周边的中山路街道等均存在轻度和中度的生态系统功能退化，造成生态系统生产能力下降，稳定性降低。这主要是由矿产资源开发、城镇建设引起的，如永川区红炉镇采矿区、合川城区和永川中山路街道扩张的新增建设用地等都是引发关键生态屏障生态退化的主要原因。

未来渝西地区将作为全市工业化、城镇化的主战场，各种建设活动的强度和范围将不断提升，云雾山、巴岳山等关键生态屏障将直面人类活动的负面干扰，保护压力巨大。因此，未来应当遵循生态优先、绿色发展基本原则，实行负面清单制度，加强生态系统保护修复，实现可持续、高质量发展。

7.6.3 重点区域识别

丘陵谷地生态品质提升区属典型城市生态系统，是重庆市人口集中、开发强度最大、经济活动最为密集的地区，同时也是粮食生产功能区和重要农产品生产保护区。该区具有典型的以农田为主的人工生态系统，耕地资源丰富，以水田和旱地为主。区域水热条件良好，适宜农业生产和城镇建设，属同城化发展重点区域，在成渝地区双城经济圈建设中发挥着先锋作用。立足于区域生态景观、生态供给、土壤保持、生态旅游等功能，以及"山岭梳列、江河纵横、蓝绿交织、农田富集"的本底特征，综合考虑蓝绿设施连通性不足、人居环境品质有待提升、耕地破碎化、面源污染风险加剧、生态功能退化趋势明显、地质灾害隐患、森林林种结构不合理等主要生态问题，共划定丘陵谷地生态品质提升区 12 个重点区域，包括宝顶山生态景观提升重点区、东部槽谷城乡综合整治重点区、西部槽谷生态宜居示范重点区、明月山-精华山生物多样性保护重点区、"四山"保护提升重点区、"两江四岸"整治重点区、嘉陵江-涪江-渠江生态廊道建设重点区、中心城区绿色基础设施建设重点区、云雾山-巴岳山综合整治重点区、长寿湖生态品质提升重点区、濑溪河-小安溪生态综合治理重点区、高滩河平行岭谷生态农田整治重点区(图 7-57)。

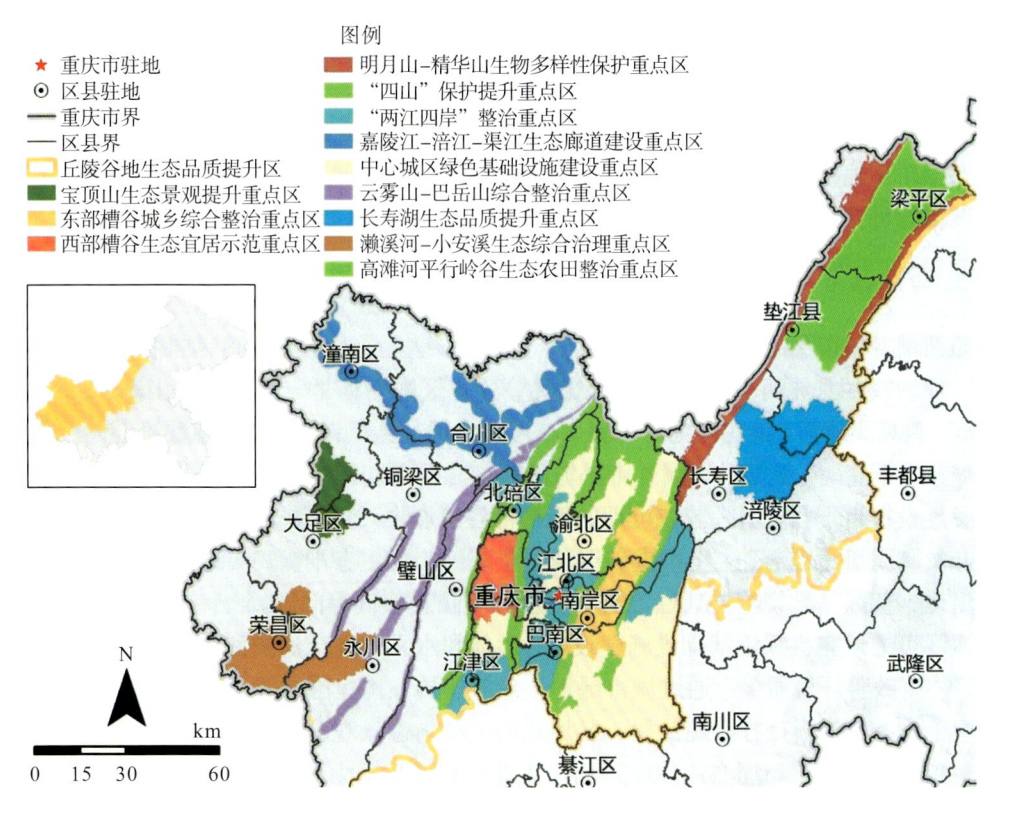

图 7-57 丘陵谷地生态品质提升区重点区域分布图

岸线的生态系统服务功能降低、河道自身自净能力减弱、消落区"脏乱差"问题突出，有较高的生态保护修复需求与价值。

本区重点需建立稳定的湿地生态系统，稳定植物生态群落，营造野生动植物栖息地，加强水陆生物联系和交流；通过消落带治理、水污染防治等措施，巩固其蓄水、渗水、净水等能力，有效增强河道行洪能力，提升对洪水的调蓄调节服务价值；通过建设护岸林，增加绿植覆盖率等措施，缓解城市热岛效应，促进气候调节循环；通过加强自然岸线资源修复，塑造山清水秀生态带、便捷共享游憩带、人文荟萃风貌带、立体城市景观带，建成国际一流滨水岸线。

7. 嘉陵江-涪江-渠江生态廊道建设重点区

嘉陵江-涪江-渠江生态廊道建设重点区位于丘陵谷地生态品质提升区西北部，包含嘉陵江、涪江、渠江等重要河流，涉及潼南、合川、铜梁、北碚、沙坪坝、江北等8个区县、60个乡镇。本区域嘉陵江、涪江、渠江贯穿其中，水系发达，耕地资源丰富，适宜农业生产，人文资源丰富，具有农产品供给、土壤保持、生态旅游等主导生态功能。受人为活动干扰，自然生态系统局部退化，坡耕地占比大，水土流失严重；水域两岸存在较大地质安全隐患；存在面源污染，次级河流污染加剧；耕地质量较低、耕地破碎化制约农业发展；乡村人居环境品质有待改善；具有较高的生态保护修复需求与价值。

该重点区分布渠江、嘉陵江、涪江重要河流，沿江分布大量农田，部分流域存在水体富营养化现象，本区需通过水岸环境治理，提高两岸植被覆盖率，控制水土流失和面源污染，维持流域水生态安全。同时，本区是重庆市主要的果蔬供应基地，主要有罗盘山生姜、潼南萝卜、黄桃、菜花等农产品，需通过农田综合整治等措施，提升土壤肥力和耕地质量，增加优质农产品供给。该重点区以农田生态系统为主，但耕地利用强度大，农药化肥过度施用，面源污染风险加剧，需对部分耕地实施耕地轮作休耕，促进耕地休养生息，提升农田生态功能；保护好钓鱼城、濑滩古镇、双江古镇、安居古镇等人文资源，营造好农田、河流、湿地生态景观，着力弘扬巴渝传统农耕文明，协同打造嘉陵江生态人文风光链。

8. 中心城区绿色基础设施建设重点区

中心城区绿色基础设施建设重点区涉及渝中、江北、沙坪坝、九龙坡、南岸、渝北、大渡口、北碚、巴南9个区县全域。本区将分类推进城市公园、郊野公园等生态斑块建设，营造高品质绿色游憩空间，加强城市生态廊道建设，发挥生态廊道过渡、隔离和连通功能，构建形成结构完整、功能互补的绿色基础设施网络体系，增强人类生活空间的自然特性，促进自然生态空间与城市空间的和谐共生。

9. 云雾山-巴岳山综合整治重点区

云雾山-巴岳山综合整治重点区位于丘陵谷地生态品质提升区东侧，涉及璧山、合川、江津等7个区县，54个乡镇。区内自然资源丰厚，生物多样性富集，是重要森林生境，具有水源涵养、生物多样性保护等主导生态功能。但由于矿山开采等人类活动，局部区域森林生态系统有退化趋势，水源涵养能力下降，水土流失与石漠化等问题突出，具有较高的生态保护修复需求与价值。

本区需严格保护云雾山、巴岳山、中梁山等自然生境，修复和提升山体生态功能，改善局部区域气候环境，缓解城市热岛效应；通过实施森林质量精准提升和湿地保护修复，促进大气碳氧平衡；通过加强采煤沉陷区治理，提升区域水源涵养功能；依托青龙湖、九峰山、西温泉山等自然资源，通过景观提质等措施，打造魅力山水自然景观品牌。

10. 长寿湖生态品质提升重点区

长寿湖生态品质提升重点区位于丘陵谷地生态品质提升区南侧，拥有西南地区最大的人工湖——长寿湖，旅游资源丰富，种类繁多，包含长寿湖风景名胜区、太极岛景区、紫耘花海景区等，涉及长寿、垫江县两个区县、11个乡镇。本区域以长寿湖为核心，包含黄草山部分余脉，具有良好的生态旅游、水源涵养、饮用水水源地保护、洪水调蓄等生态功能。区域内水土流失分布广泛，类型以轻度侵蚀和中度侵蚀为主，造成生态环境破坏，不利于景观品质提升；且受周边城镇建设影响，面源污染较为严重，对水生态环境造成威胁，具有较高的生态保护修复需求与价值。

本区域降水充沛，河流纵横，水资源丰富，通过饮用水水源地保护、水土流失治理、农村面源污染防治，有助于巩固龙溪河、双龙河、三汇河、桃花溪等流域土壤保持功能，加强长寿湖等大中型水库的水源涵养能力，提升区域土壤保持和水源涵养价值。本区域拥有3个中型水库、75个小型及其他水库，水库众多，河湖资源丰富，大小岛屿星罗棋布，流域水环境综合整治，有助于河道水库蓄水行洪，增强洪水调蓄能力。本区域地处长寿湖风景名胜区，其是国家级生态旅游休闲度假胜地，拥有良好的生态旅游本底，可通过实施生态保护修复工程，提升长寿古镇、古村风貌，营造良好田园景观，并协同周边太极岛景区、紫耘花海景区、十里柚乡生态旅游区，助力"长寿慢城"生态康养旅游品牌建设。

11. 濑溪河-小安溪生态综合治理重点区

该重点区地处丘陵谷地生态品质提升区西部，共涉及荣昌、永川、大足3个区县，15个乡镇。本区域耕地资源丰富，适宜农业生产，具有农产品供给、土壤保持等主导生态功能。该区需加快推进乡村全域土地综合整治，整体推进田水路林村综合治理，稳步实施美丽宜居乡村建设，推动耕地"数量、质量、生态"三位一体提升，提升乡村生态景观。

12. 高滩河平行岭谷生态农田整治重点区

高滩河平行岭谷生态农田整治重点区位于丘陵谷地生态品质提升区东北部，耕地资源丰富，水系纵横，包括孙家沟、桂溪、回龙河等，共涉及梁平、垫江两个区县、30个乡镇。本区域耕地以水田为主，耕作条件较好，以产品供给、土壤保持、土壤净化、生态旅游等功能为主导，主要发挥高质量生态产品供给作用。受地形条件影响，该区域耕地斑块密度(PD)大部分处于高值区，分布散、破损程度高，生境系统单一，对耕地综合质量造成较大影响；根据2018年全国耕地质量调查数据，区域耕地质量普遍处于国家耕地质量

[81] Bland L, Keith D, Miller R, et al. Guidelines for the application of IUCN Red List of Ecosystems Categories and Criteria, Version 1.1[M]. Gland: International Union for Conservation of Nature, 2017.

[82] 徐兴良, 于贵瑞. 基于生态系统演变机理的生态系统脆弱性、适应性与突变理论[J]. 应用生态学报, 2022, 33(3): 623-628.

[83] 张添佑, 陈智, 温仲明, 等. 陆地生态系统临界转换理论及其生态学机制研究进展[J]. 应用生态学报, 2022, 33(3): 613-622.

[84] 赵东升, 张雪梅. 生态系统多稳态研究进展[J]. 生态学报, 2022, 41(16): 6314-6328.

[85] 李迎春, 闫伟, 蒋长胜, 等. 临界转换的早期预警信号[J]. 国际地震动态, 2009(9): 1-14.

[86] 钱俊生. 可持续发展的理论与实践[M]. 北京: 中国环境科学出版社, 1999.

[87] 向芸芸, 蒙吉军. 生态承载力研究和应用进展[J]. 生态学杂志, 2012, 31(11): 2958-2965.

[88] 冉圣宏, 曾思育, 薛纪渝. 脆弱生态区适度经济开发的评价与调控[J]. 干旱区资源与环境, 2002, 16(3): 1-6.

[89] 刘丹, 华晨. 弹性概念的演化及其对城市规划创新的启示[J]. 城市发展研究, 2014, 21(11): 111-117.

[90] 李湘梅, 肖人彬, 王慧丽, 等. 社会—生态系统弹性概念分析及评价综述[J]. 生态与农村环境学报, 2014, 30(6): 681-687.

[91] Holling C S. Resilience and stability of ecological systems[J]. Annual Review of Ecology & Systematics, 1973, 4(4): 1-23.

[92] Pimm S. The complexity and stability of ecosystems[J]. Nature, 1984, 307(5949): 321-326.

[93] Kerr L, Cadrin S, Secor D. The role of spatial dynamics in the stability, resilience, and productivity of an estuarine fish population[J]. Ecological Applications: a Publication of the Ecological society of America, 2010, 20(2): 497-507.

[94] Sasaki T, Furukawa T, Iwasaki Y, et al. Perspectives for ecosystem management based on ecosystem resilience and ecological thresholds against multiple and stochastic disturbances[J]. Ecological Indicators, 2015, 57: 395-408.

[95] Fischer J, Peterson G D, Gardner T A, et al. Integrating resilience thinking and optimisation for conservation[J]. Trends in Ecology& Evolution, 2009, 24(10): 549-554.

[96] 高吉喜. 可持续发展理论探索: 生态承载力理论方法与应用[M]. 北京: 中国环境科学出版社, 2001.

[97] 王云霞, 陆兆华. 北京市生态弹性力的评价[J]. 东北林业大学学报, 2011, 39(2): 97-100.

[98] Li H, Reynolds J F. On definition and quantification of heterogeneity[J]. Oikos, 1995, 73(2): 280-284.

[99] Turner M G, 魏建兵, 王绪高, 等. 景观生态学发展现状[J]. 生态学杂志, 2006, 25(7): 834-844.

[100] 俞孔坚. 景观的含义[J]. 时代建筑, 2002, 7(1): 14-17.

[101] 傅伯杰. 景观生态学原理及应用[M]. 北京: 科学出版社, 2001.

[102] 傅伯杰, 吕一河, 陈利顶, 等. 国际景观生态学研究新进展[J]. 生态学报, 2008, 28(2): 798-804.

[103] Benton T G, Vickery J A, Wilson J D. Farmland biodiversity: is habitat heterogeneity the key?[J]. Trends in Ecology and Evolution, 2003, 18(4): 182-188.

[104] 邬建国. 景观生态学: 概念与理论[J]. 生态学杂志, 2000, 19(1): 42-52.

[105] 陈文波, 肖笃宁, 李秀珍. 景观空间分析的特征和主要内容[J]. 生态学报, 2002, 22(7): 1135-1142.

[106] 彭镇华, 江泽慧. 中国森林生态网络系统工程[J]. 应用生态学报, 1999, 10(1): 99-103.

[107] Hepcan S, Hepcan C C, Bouwma I M, et al. Ecological networks as a new approach for nature conservation in Turkey: A case study of İzmir Province[J]. Landscape and Urban Planning, 2009, 90: 143-154.

[108] Zhang L, Wang H. Planning an ecological network of Xiamen Island (China) using landscape metrics and network analysis[J]. Landscape and Urban Planning, 2006, 78(4): 449-456.

[109] Woodward G, Ebenman B, Emmerson M, et al. Body size in ecological networks[J]. Trends in Ecology and Evolution, 2005, 20(7): 402-408.

[110] Vogt P, Ferrari J R, Lookingbill T R, et al. Mapping functional connectivity[J]. Ecological Indicators, 2009, 9(1): 64-71.

参考文献

[111] Gaaff A, Reinhard S. Incorporating the value of ecological networks into cost-benefit analysis to improve spatially explicit land-use planning[J]. Ecological Economics, 2012, 73(C): 66-74.

[112] Foltête J C, Girardet X, Clauzel C. A methodological framework for the use of landscape graphs in land-use planning[J]. Landscape and Urban Planning, 2014, 124(4): 140-150.

[113] Jongman R H G, Külvik M, Kristiansen I. European ecological networks and greenways[J]. Landscape and Urban Planning, 2004, 68(2): 305-319.

[114] 王海珍, 张利权. 基于GIS、景观格局和网络分析法的厦门本岛生态网络规划[J]. 植物生态学报, 2005, 29(1): 144-152.

[115] Gurrutxaga M, Lozano P, Barrio G. GIS-based approach for incorporating the connectivity of ecological networks into regional planning[J]. Journal for Nature Conservation, 2010, 18: 318-326.

[116] 尹海伟, 孔繁花, 祈毅, 等. 湖南省城市群生态网络构建与优化[J]. 生态学报, 2011, 31(10): 2863-2874.

[117] Siciliano G. Urbanization strategies, rural development and land use changes in China: A multiple-level integrated assessment[J]. Land Use Policy, 2012, 29(1): 165-178.

[118] Solé R V, Alonso D, Saldaña J. Habitat fragmentation and biodiversity collapse in neutral communities[J]. Ecological Complexity, 2004, 1(1): 65-75.

[119] Conceição K S, de Oliveira V M. Habitat fragmentation effects on biodiversity patterns[J]. Physica, 2010, 389(17): 3496-3502.

[120] Opdam P, Steingröver E, van Rooij S. Ecological networks: A spatial concept for multi-actor planning of sustainable landscapes[J]. Landscape and Urban Planning, 2006, 75(3-4): 322-332.

[121] Barreto L, Ribeiro M C, Veldkamp A, et al. Exploring effective conservation networks based on multi-scale planning unit analysis. A case study of the Balsas sub-basin, Maranhão State, Brazil[J]. Ecological Indicators, 2010, 10(5): 1055-1063.

[122] 肖禾, 王晓军, 张晓彤, 等. 参与式方法支持下的河北王庄村乡村景观规划修编[J]. 中国土地科学, 2013, 27(8): 79-84.

[123] Battisti C, Luiselli L. Selecting focal species in ecological network planning following an expert-based approach, Italian reptiles as a case study[J]. Journal for Nature Conservation, 2011, 19(2): 126-130.

[124] Bifolchi A, Lodé T. Efficiency of conservation shortcuts, An investigation with otters as umbrella species[J]. Biological Conservation, 2005, 126(4): 523-527.

[125] Chase M K, Kristan W B, Lynam A J, et al. Single species as indicators of species richness and composition in California coastal sage scrub birds and small mammals[J]. Conservation Biology, 2000, 14(2): 474-487.

[126] 肖笃宁, 李秀珍, 高峻, 等. 景观生态学[M]. 北京: 科学出版社, 2003.

[127] 朱强, 俞孔坚, 李迪华. 景观规划中的生态廊道宽度[J]. 生态学报, 2005, 25(9): 2406-2412.

[128] 袁艳华, 徐建刚, 张翔. 基于适宜性分析的城市遗产廊道网络构建研究: 以古都洛阳为例[J]. 遥感信息, 2014, 29(3): 117-124.

[129] 方文. 基于不同空间尺度的重庆都市圈城市森林生态网络与群落特征研究[D]. 重庆: 西南大学, 2020.

[130] Baker A M, Mather P B, Hughes J M. Evidence for long-distance dispersal in a sedentary passerine, *Gymnorhina tibicen* (Artamidae)[J]. Biological Journal of the Linnean Society, 2001, 72(2): 333-343.

[131] Nathan R. Long-distance dispersal research: Building a network of yellow brick roads[J]. Diversity and Distributions, 2005, 11(2): 125-130.

[132] Petit J N, Hoddle M S, Grandgirard J. et al. Short-distance dispersal behavior and establishment of the parasitoid Gonatocerus ashmeadi (Hymenoptera: Mymaridae) in Tahiti: Implications for its use as a biological control agent against Homalodisca vitripennis (Hemiptera: Cicadellidae)[J]. Biological Control, 2008, 45(3): 344-352.

[133] Bélisle M. Measuring landscape connectivity, the challenge of behavioral landscape ecology[J]. Ecology, 2005, 86(6): 1988-1995.

[134] Fasola M, Hafner H, Kayser Y. et al. Individual dispersal among colonies of Little Egrets Egretta garzetta[J]. Ibis, 2002, 144(2): 192-199.

[135] Roedenbeck I A, Voser P. Effects of roads on spatial distribution, abundance and mortality of brown hare (Lepus europaeus) in Switzerland[J]. European Journal of Wildlife Research, 2008, 54(3): 425-437.

[136] Opdam P, Pouwels R, van Rooij S, et al. Setting biodiversity targets in participatory regional planning: introducing ecoprofiles[J]. Ecology and Society, 2008, 13(1): 20-35.

[137] Hong S K, Nakagoshi N, Fu B J. et al. Landscape Ecological Applications in Man-Influenced Areas-Linking Man and Nature Systems[M]. The Netherlands: Springer, 2007.

[138] Vos C C, Verboom J, Opdam P F M, et al. Toward ecologically scaled landscape indices[J]. The American Naturalist, 2001, 183(1): 24-41.

[139] Adriaensen F, Chardon J P, De Blust G, et al. The application of 'least-cost' modelling as a functional landscape model[J]. Landscape and Urban Planning, 2003, 64(4): 233-247.

[140] Vuilleumier S, Prélaz-Droux R. Map of ecological networks for landscape planning[J]. Landscape and Urban Planning, 2002, 58(2-4): 157-170.

[141] Knaapen J P, Scheffer M, Harms B. Estimating habitat isolation in landscape planning[J]. Landscape and Urban Planning, 1992, 23(1): 1-16.

[142] Driezena K, Adriaensen F, Rondinini C, et al. Evaluating least-cost model predictions with empirical dispersal data: A case-study using radiotracking data of hedgehogs (Erinaceus europaeus)[J]. Ecological Modelling, 2007, 209(2-4): 314-322.

[143] 李杨帆, 林静玉, 孙翔. 城市区域生态风险预警方法及其在景观生态安全格局调控中的应用[J]. 地理研究, 2017, 36(3): 485-494.

[144] 陆明, 曲艺. 基于生态系统服务功能的区域生态网络构建: 以哈尔滨为例[J]. 中国园林, 2017, 33(10): 103-107.

[145] Dawkins C J, Nelson A C. Urban containment policies and housing prices: An international comparison with implications for future research[J]. Land Use Policy, 2002, 19(1): 1-12.

[146] Wang Y Z, Ang Lin, Tang H M, et al. GIS-based ecological control line planning of landscape city[J]. Journal of Landscape Research, 2016, 8(1): 26-30.

[147] 俞孔坚. 生物保护的景观生态安全格局[J]. 生态学报, 1999, 19(1): 8-15.

[148] 蒙吉军, 朱利凯, 杨倩, 等. 鄂尔多斯市土地利用生态安全格局构建[J]. 生态学报, 2012, 32(21): 6755-6766.

[149] 王云, 潘竟虎. 基于生态系统服务价值重构的干旱内陆河流域生态安全格局优化: 以张掖市甘州区为例[J]. 生态学报, 2019, 39(10): 3455-3467.

[150] 马克明, 傅伯杰, 黎晓亚, 等. 区域生态安全格局: 概念与理论基础[J]. 生态学报, 2004, 24(4): 761-768.

[151] 吴伟, 付喜娥. 绿色基础设施概念及其研究进展综述[J]. 国际城市规划, 2009, 24(5): 67-71.

[152] Costanza R, d'Arge R, De Groot R, et al. The value of the world's ecosystem services and natural capital[J]. Nature, 1997, 387(6630): 253-260.

[153] 刘滨谊, 张德顺, 刘晖, 等. 城市绿色基础设施的研究与实践[J]. 中国园林, 2013, 29(3): 6-10.

[154] 安超, 沈清基. 基于空间利用生态绩效的绿色基础设施网络构建方法[J]. 风景园林, 2013(2): 22-31.

[155] 刘孟媛, 范金梅, 宇振荣. 多功能绿色基础设施规划: 以海淀区为例[J]. 中国园林, 2013, 29(7): 61-66.

[156] 曹宇, 王嘉怡, 李国煜. 国土空间生态修复: 概念思辨与理论认知[J]. 中国土地科学, 2019, 33(7): 1-10.

[157] 施问超, 卢铁农, 杨百忍. 论污染防控与生态保育[J]. 污染防治技术, 2011, 24(2): 1-5.

[158] 白中科, 师学义, 周伟, 等. 人工如何支持引导生态系统自然修复[J]. 中国土地科学, 2020, 34(9): 1-9.

[159] 倪庆琳, 侯湖平, 丁忠义, 等. 基于生态安全格局识别的国土空间生态修复分区: 以徐州市贾汪区为例[J]. 自然资源学报, 2020, 35(1): 204-216.

[160] 陈文思. 陕西黄土区自然恢复植物群落的结构及多样性特征[D]. 北京: 北京林业大学, 2016.

[161] 齐清, 刘晓伟, 佟守正, 等. 人工恢复与自然恢复模式下苔草草丘生态特征比较[J]. 应用生态学报, 2019, 30(11): 3707-3715.

[162] 杨智姣, 温晨, 杨磊, 等. 半干旱黄土小流域不同恢复方式对生态系统多功能性的影响[J]. 生态学报, 2020, 40(23): 8606-8617.

[163] 罗敏, 闫玉茹. 基于生态保护与修复理念的海洋空间规划的思考[J]. 城乡规划, 2021(4): 11-20.

[164] 张新时. 关于生态重建和生态恢复的思辨及其科学涵义与发展途径[J]. 植物生态学报, 2010, 34(1): 112-118.

[165] Bradshaw A D, Chadwick M J. The Restoration of Land: The Ecology and Reclamation of Derelict and Degraded Land[M]. Berkeley University of California Press, 1980.

[166] 李昂, 王扬, 薛建国, 等. 北方风沙区生态修复的科学原理、工程实践和恢复效果[J]. 生态学报, 2019, 39(20): 7452-7462.

[167] 何霄嘉, 王磊, 柯兵, 等. 中国喀斯特生态保护与修复研究进展[J]. 生态学报, 2019, 39(18): 6577-6585.

[168] 张进德, 郗富瑞. 我国废弃矿山生态修复研究[J]. 生态学报, 2020, 40(21): 7921-7930.

[169] 王涛, 高峰, 王宝, 等. 祁连山生态保护与修复的现状问题与建议[J]. 冰川冻土, 2017, 39(2): 229-234.

[170] 王夏晖, 何军, 饶胜, 等. 山水林田湖草生态保护修复思路与实践[J]. 环境保护, 2018, 46(Z1): 17-20.

[171] 邹长新, 王燕, 王文林, 等. 山水林田湖草系统原理与生态保护修复研究[J]. 生态与农村环境学报, 2018, 34(11): 961-967.

[172] 王宗秀, 李春麟, 李会军, 等. 川东—武陵地区构造格局及其演化[J]. 地质力学学报, 2019, 25(5): 827-839.

[173] 吴航. 川东地区中-新生代构造隆升过程研究[D]. 北京: 中国石油大学, 2019.

[174] 王万忠. 黄土地区降雨侵蚀力R指标的研究[J]. 中国水土保持, 1987(12): 36-40+67.

[175] 周伏建, 陈明华, 林福兴, 等. 福建省降雨侵蚀力指标的初步探讨[J]. 福建水土保持, 1989(2): 58-60.

[176] 刘新华, 杨勤科, 汤国安. 中国地形起伏度的提取及在水土流失定量评价中的应用[J]. 水土保持通报, 2001(1): 57-59+62.

[177] 杨子生. 滇东北山区坡耕地土壤可蚀性因子[J]. 山地学报, 1999(S1): 11-16.

[178] 叶其炎, 杨树华, 陆树刚, 等. 玉溪地区生物多样性及生境敏感性分析[J]. 水土保持研究, 2006(6): 75-78.